Why does God care who I sleep with?

왜, 하나님은 내가 누구랑 자는지 신경 쓰실까?

KB208590

왜,
하나님은 내가 누구랑 자는지
신경 쓰실까?

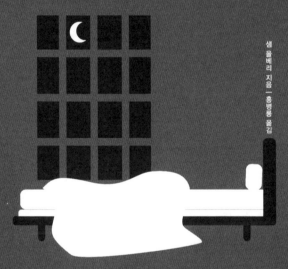

샘 올베리 지음 ㅣ 홍병룡 옮김

Why does God care who I sleep with?

아바서원

목차

|

* 본문에 사용된 성경 구절은 『개역개정 성경』에서 인용했습니다.

로간 게이츠와 벤 다이슨의
신실한 우정에 감사하며
그들에게 바칩니다.

도무지 피할 수 없는 문제

어쩌면 내 생애의 가장 유별난 순간이었을 것이다.

나는 태국 중부에서 영어를 가르치고 있었는데, 고등학교 영어 교사들을 위해 마련된 교습에 강사로 초대를 받았다. 나는 "원어민" 강사라서 영어 발음과 회화에 도움을 주려고 참여하고 있다고 생각했다.

나의 예상과 다르게 흘러가고 있음을 제일 처음 감지한 것은 그날 첫 프로그램에 내가 무대로 초대받는 순간이었다. 그들은 나를 소개한 후 그날의 주제가로 선택한 노래를 부르며 하루를 시작하겠다고 말했다. 아니, 원어민 강사가 부를 것이라고 했다.

　나쁜 소식은 내가 음치라는 것이다. 사람들 앞에서는 더더욱 그렇다. 그나마 좋은 소식은 그것이 영어 노래였다는 것이다. 또 다른 나쁜 소식은 노래방 시스템이었다는 사실이다. 토요일 이른 아침, 매우 낯선 나라의 한복판에서, 태국 주최 측을 배려해 마지막 순간에 내가 승낙한 끝에, 교사 수백 명 앞에서 솔로로 노래하려고 섰다는 것은 실로 희한한 사건이었다.

　노래는 스티비 원더가 부른 「I Just Called to Say I Love You」(널 사랑한다고 말하려고 전화했어)였다. 물론 멋진 노래였으나 셰익스피어의 언어를 가르치는 일과 연결하긴 쉽지 않았다. 나는 이미 안전지대를 벗어났지만 그나마 최악은 아니었다. 가라오케 화면에 담긴 배경 영상은 몸을 흔들며 서서히 옷을 벗는 선정적인 장면이었다. 어쨌든 나는 부조리한 장면을 무시한 채 시키는 대로 해야 했다. 그리고 그동안 얼굴이 홍당무가 되지 않으려고 애써야 했다.

　이처럼 섹스란 주제는 도무지 피할 수 없다. 내가 그날 아침 태국에서 경험한 그런 악의 없는 상황에서 그 주제가 불쑥 나타나면 정말 피하기가 어렵다.

그리고 솔직히 말해, 그날 아침의 노래방 경험에는 못 미쳐도 섹스에 관한 글을 쓰는 것도 나로서는 유별난 일이 아닐 수 없다. 하지만 이 주제는 우리 모두에게 큰 의미가 있기에 피하는 것은 불가능하다.

지난 몇 년 동안 나는 기독교 신앙에 관한 시급한 질문들을 다루는 일을 주요 과업으로 삼는 한 자선단체를 위해 일해 왔다. 이 시리즈에 속한 책들을 살펴보면 어떤 질문들인지를 가늠할 수 있다. 그런데 그 목록의 꼭대기에는 크리스천들이 섹스에 대해 어떻게 생각하고 또 믿는지와 관련된 것이 있다.

왜 그런지는 쉽게 알 수 있다. 우리는 우리의 성(性)과 인간관계가 정말로 중요한 삶의 일부임을 안다. 성은 대수롭지 않은 것이 아니다. 누구나 성에 관해 얘기하고 생각하면 강한 감정을 느낀다는 사실을 나는 의식하고 있다. 우리가 어떻게 생각하고 또 행동하는지는 우리의 (좋고 나쁜) 기억에 달려 있다. 우리 중 일부는 우리를 계속 괴롭히는 고통스러운 기억과 경험이 있을 것이다. 또 일부는 우리가 현재 경험하는 것보다 더 깊은 만족감을 추구하느라 안절부절못할 것이다. 일부는 우리가 경험한 다양한 것들 때문에 헷갈릴 것이다. 그리고 일부는 현재의 성생활에 완전히 만족해서 왜 이 문제로 법석을 떠는지 의아해할 것이다.

따라서 본서는 당신이 읽기 어려운 책일 수 있다. 당신이 크리스천이든 아니든 때때로 역겨움을 느껴 푸념하고 싶을 수 있고, 이 책을 집어 던지고 싶을지도 모른다. 내가 제창하는 것이 당신의 견해와 경험과 심한 갈등을 유발하기 때문에 그럴 수 있다. 하지만 충동적으로 이 책을 집어 던지지 말고, 왜 섹스가 우리 모두에게 중요한 문제인지를 내가 설명할 테니 최대한 객관적으로 또 신중하게 생각해보라고 권하고 싶다. 나는 현재 싱글이고 앞으로도 아마 싱글로 살게 될 사람으로서 이 글을 쓰고 있다. 내가 누군가와 결혼하지 않는 한, 섹스를 금하는 금욕적인 삶을 영위하기로 헌신한 크리스천으로서 쓰고 있는 것이다. 이 문제는 우리 모두에게 중요한 만큼 나에게도 중요하다.

위험한 인물

크리스천이 섹스에 대해 논하는 것은 상당한 도전 거리다. 성적 자유가 점점 더 서양 사회 최대의 선(善) 중 하나로 간주 되고 있다. 지난 십여 년 동안 많은 것이 변했다. 불과 십오 년 전만 해도 성경의 가르침을 좇는 나와 같은 크리스천들은 섹스를 결혼 관계에만 국한한다고 구식으로 취급받았다. 그런데 지금은 사회의 위험한 인물들로 간주 되고 있다. 성에 대한 우리의 견해가 그만큼 의미심장해진 것이다. 우리가 누구랑 자는지는 최고의 인권으로 여겨진다. 이 영역에서 우리의 선택을 제한하는 것은 무엇이든 실존적인 위협으로 받아들여지는 실정이다.

따라서 섹스가 아주 특별한 맥락을 위한 것이라는 기독교의 주장은 호기심을 일으키기보다 귀에 거슬리는 것이다. **왜 하나님은 내가 누구랑 자는지 신경 쓰실까?**는 하나의 질문이기보다 오히려 답변이 필요 없는 독자적인 반론에 가깝다.

그래도 답변은 존재한다. 우리가 섹스에 대해 믿는 바를 크리스천들은 계속 믿고 있고, 그런 믿음이 오늘날 아무리 조롱당해도 전혀 사라지지 않을 것이다. 그리고 이 믿음에는 설득력 있는 이유가 있다. 그것들을 이해한 후 당신의 입장을 결정하기 전에 잘 숙고해보길 바란다.

하나님이 우리가 누구랑 자는지에 상관하는 이유는 그

동침의 주체인 우리에게 관심이 많기 때문이다. 섹스라는 것이 우리의 아이디어가 아니라 그분의 아이디어였기 때문이다. 섹스를 오용하면 깊은 상처와 손상을 줄 수 있기 때문이다. 그분이 우리를 돌볼 만한 존재로 존중하시기 때문이다. 그리고 그 돌보시는 손길은 우리에게 섹스의 사용법을 말씀하시는 모습, 우리가 문제를 일으키면 용서와 치유를 제공하시는 모습으로 잘 드러난다.

내가 이런 제목을 붙이게 된 것은 나름의 이유가 있다. 다음 페이지부터 읽기 시작하면 그 이유를 알 수 있을 것이다.

우리가 누구랑 자는지
우리는 왜 신경 쓸까?

1장

단 하나의 트윗이 폭발적인 힘을 발휘해 하나의 운동을 일으키는 것은 흔치 않다.

2017년 가을 할리우드는 유명한 영화제작자 하비 와인스타인(Harvey Weinstein)에 대한 일련의 고소로 온통 화염에 휩싸였다. 여러 여성이 줄줄이 그를 약탈 행위로 기소했고, 이는 전 세계의 주목을 받고 있었다. 10월 15일 알리사 밀라노라는 여배우가 다음과 같은 글을 트위터에 올렸다.

당신이 성희롱이나 성폭행을 당했다면 이 트윗에 "미투(me
too)"로 응답하라.

#MeToo는 순식간에 소문이 났다. 첫 트윗을 정오 즈음
에 올렸는데 그날 끝에는 "Me too"라는 어구가 이십만 번
이상 트위터에 사용되었다. 한 해에 천구백만 번 사용되었
으니 하루 평균 오만오천 번이나 올라온 셈이다.[1]

많은 유명 인사들도 그들의 이야기를 들려주어 이 해시
태그의 인지도를 더욱 높였다. 할리우드가 소용돌이에 휩
싸이고 말았다. 다른 연예계도 그 뒤를 따랐다. 희롱과 학
대를 담은 이야기들이 정치와 미디어, 학문과 종교의 영역
에 금방 퍼져나갔다. 이와 더불어 교회에서 또는 교회 지도
자들에게 공격을 당한 생존자들이 그들의 경험을 나누면서
#ChurchToo란 해시태그도 출현하기 시작했다.

밀라노의 트윗이 그 운동을 촉발한 출발 신호인 듯 보였
지만 (그녀가 인정하듯이) 그녀가 이런 맥락에서 "me too"란 어
구를 사용한 최초의 사람은 아니었다. 그 해시태그의 기원

---

1. *USA Today*, go to. www.bit.ly/occasleep (accessed 21 August 2019)

은 십 년 전에 있었다. 「허핑턴 포스트」에 실린 인터뷰에 따르면, 행동주의자 타라나 버크(Tarana Burke)는 "공감을 보여 줄 간명한 방법을 찾고 있었다." "누군가 나에게 Me too라는 말을 했을 때 그 말이 너무나 강력해서 내가 듣는 즉시 내 치유 과정의 궤도를 바꿔놓았다." 밀라노의 트윗이 소문이 난 직후 버크는 이렇게 썼다. "우리가 지난 십 년에 걸쳐 '미투 운동'과 함께 행한 일의 취지는 여성들, 특히 젊은 유색 여성들이 그들이 혼자가 아님을 알게 하는 것이다."[2]

그 해시태그가 널리 퍼진 것을 보면 확실히 그런 효과가 있었다. 젊은 유색 여성이 버크의 관심 대상이었는지 몰라도 그 해시태그는 다른 많은 여성 — 다른 배경과 연령의 여성들과 일부 남성들까지 — 도 그들의 이야기를 공유할 수 있게 했다.

그 가운데 한 이야기는 특별히 회고할 만하다. 캐틀린 플라나간은 『더 애틀랜틱』(The Atlantic) 잡지에 고등학교 시절 한 청년이 해변의 텅 빈 주차장에 세운 그의 차 안에서 그녀를 강간하려 했던 사건에 대한 글을 실었다. 몸싸움을

---

2. *Huffington Post*. www.bit.ly/occasleep2 (accessed 21 August 2019).

벌인 후 그는 결국 포기하고 그녀를 집에 데려다주었다. 그녀는 그 사건에 대해 말한 적이 없었는데, 그 이유를 이렇게 설명한다.

나는 누구에게도 말하지 않았다. 내가 생각하기에 그것은 남자가 소녀에게서 섹스를 끌어내려고 가한 공격의 실례가 아니었다. 그것은 내가 얼마나 매력이 없는지를 보여주는 실례였다. 그것은 내가 파티에 동행할 만한 그런 소녀 또는 알아가고픈 그런 소녀가 아니라는 증거였다. 나는 황량한 주차장에서 섹스를 선사하려고 시도할 만한 그런 소녀였다. 누군가에게 얘기하면 그가 행한 짓이 드러나기는커녕 내가 그런 대우를 받을 만한 존재임이 드러날 뿐이다.[3]

미투 운동은 성폭행이 만연한 현실을 환하게 조명했다. 현재 미국 여성의 20~30%가 삶의 과정에서 성폭행을 당한 적이 있는 것으로 추정된다. 정확한 수치는 알기 어렵다. 플라나간의 이야기가 보여주듯이, 많은 이유로 사람들

---

3. *The Atlantic*. www.bit.ly/occasleep3 (accessed 21 August 2019).

이 나누기가 지극히 어려운 이야기라서 그렇다. 그래도 많은 사람이 처음으로 털어놓을 수 있었고, 우리는 이런 잔인한 행위가 얼마나 널리 퍼져있는지를 좀 더 알아가고 있다. 남성들 역시 그들의 성희롱과 성폭행 경험을 털어놓고 있다. 일부 남성은 또한 과거에 여성에게 저지른 잘못을 인정하고 있다. 개개인에서 기관에 이르기까지 온갖 차원에서 서양 세계는 집단적인 성적 가치관을 재평가하는 중인 듯하다.

#MeToo가 우리에게 보여준 것이 있다면, 그것은 우리의 성이 매우 중요하다는 점이다. 성폭행은 신체적 상처를 남길 뿐 아니라 깊은 감정적 상처와 심리적 손상도 초래한다. 플라나간의 이야기가 이를 뚜렷하게 보여준다. 그 젊은이가 플라나간에게 시도한 짓은 그녀에게 그녀 자신과 그녀의 가치에 대해 무언가를 말해주었고, 이는 이후 오랫동안 그녀의 뇌리에 굳어지게 되었다.

예수님과 학대

이 지점에서 이런 이야기가 기독교와 무슨 관계가 있는

지 의아해할 수 있다. 기독교는 다른 어떤 운동에 못지않게 그 문제의 일부이고 어쩌면 더 나쁘지 않은가? 역사적 실책과 오늘날의 실책이 점점 더 밝혀짐에 따라 많은 기독교 기관들이 끔찍한 학대의 장소였다는 사실을 부인할 수 없다. 그 맥락과 상관없이 이는 깜짝 놀랄 사실이다. 그런 학대가 기독교적 맥락에서 일어났다는 점이 그것을 더욱 비난받게 만든다. 성폭행이 잘못된 행동이란 것은 모두 알고 있다. 이 지식은 어느 집단이나 종교의 전유물이 아니다. 그러나 크리스천은 다른 누구보다도 더 그것을 알 만한 이유가 있다.

기독교의 창시자인 나사렛 예수는 소외된 자, 간과된 자, 약한 자를 돌보는 인물로 알려져 있었다. 그는 "상한 갈대를 꺾지 아니하는"(마태복음 12:20) 사람, 상처받은 자와 아픈 자에게 선천적으로 부드러웠던 인물이었다. 그런즉 예수를 따른다고 주장하면서도 이 점에서 그의 가르침과 본보기와 상충하는 사람들은 일관성이 없는 것이다.

그런데 예수 자신이 상상할 수 없는 학대의 희생자였다는 사실도 주목할 필요가 있다. 우리가 굳이 성경을 믿는 크리스천이 되지 않아도 이 사람의 생애가 어떻게 끝났는지 알 수 있다. 역사적 기록에 따르면 그는 본디오 빌라도의 명령으로 로마 당국에 의해 공개 처형을 받았다.[4] 그분이 십자가에서 죽었다는 것을 우리는 알고 있다. 아울러 그 이전에 심한 굴욕과 고문을 겪었다는 것도 안다. 신약성경 기사는 놀랄 만큼 처참한 세부사항을 조명하면서 예수가 옷이 벗겨지고 채찍질 당하고 맞고 조롱을 받았다고 한다. 그는 성적으로 노출되고, 신체적으로 학대받고, 반복해서 조롱을 당했다. 그의 동반자들은 그를 배신하거나 그를 부인하거나 그를 버리고 말았다. 감정적, 심리적, 신체적 고통은 우리가 분량을 표시할 수 있는 것이 아니다. 이 모든 고난은 십자가에 달리기 전에 받은 것이었다.

바로 이 분이 크리스천들이 따르고 예배하는 대상이다. 그래서 크리스천들은 본래 피해자들에게 민감해야 한다. 예수님이 몸소 가장 격심한 형태의 고통과 배척을 당했기 때문에 고통과 잔인함에 대한 인식이 기독교에 내장되었다. 크리스천들은 학대를 영속시키는 것은 고사하고 누구보다 더 학대에 무관심해서는 안 될 사람들이다. 인간의 성

---

4. 예컨대, John Dickson, *Is Jesus History?* (The Good Book Company, 2019), p 149~154를 보라.

에 대한 예수님의 가르침이 이를 더욱 강화해준다.

예수님과 섹스

예수님의 가르침 가운데 가장 유명한 대목의 하나는 산상설교이다. 그 설교의 많은 글귀가 서양 문화에 깊이 뿌리를 박았다. 예수님은 앞부분에서 성 윤리 문제를 다루고 계신다.

> 또 "간음하지 말라" 하였다는 것을 너희가 들었으나 나는 너희에게 이르노니 음욕을 품고 여자를 보는 자마다 마음에 이미 간음하였느니라. (마태복음 5:27~28)

청중들이 구약에서 (그분이 인용하시는) 간음을 금하는 제7계명을 비롯한 십계명을 배웠다는 것을 예수님은 아신다. 간음이란 기혼자가 배우자가 아닌 사람과 나눈 성교를 말한다. 예수님은 이 계명을 반복하신 후 그의 견해를 더하신다. 그의 말씀은 그 계명의 내용과 대비되는 게 아니라 그 계명의 적용 방법에 대한 신선한 통찰을 제공한다.

여기서 예수님이 하시는 말씀은 당시는 물론 오늘날에도 혁명적인 말씀임이 분명하다.

먼저 당시의 청중들이 이 말씀을 어떻게 들었을지 생각해보자. 예수님은 동료 유대인 청중에게 말씀하시는 1세기 유대인이었고, 십계명은 그들 윤리 사상의 근간이었다. 십계명은 구약성경에 나오는 하나님의 율법 전체의 요약판으로 취급되었다. 오늘날에도 도덕의 기반으로서 중요한 문화적 영향력을 발휘하고 있다.

예수님은 간음을 금하는 제7계명을 인용하신다. 이것이 당시에 공유하던 성 윤리의 기초였다. 한 유대인 남자가 예수님의 말씀을 경청하던 모습을 상상할 수 있다. 아마 그는 수십 년 동안 아내에게 충실했고 그런 삶에 자부심을 느끼고 있었을 것이다. 아마 그는 다른 이의 간음 사실에 대해 들을 때마다 맨 먼저 그것을 비난했던 사람이었을 것이다. 그 자신이 다른 여성과 신체적 친밀함을 나누는 상황에 빠진다는 생각은 해본 적이 없었을지 모른다. 그의 아내가 아닌 다른 여자를 만진 적도 없었다. 그는 이 계명에 헌신해서 완전히 순종하고 있다고 확신했던 전형적인 인물이었을 것이다.

그래서 예수님이 첫째 부분 ─ "'간음하지 말라' 하였다는 것을 너희가 들었으나"─ 을 말씀하셨을 때 이런 사람들은 열정적으로 고개를 끄덕였을 것이다. **'맞아, 이것이 우리가 늘 들어왔던 가르침이야. 이것이 우리가 늘 견지해 왔던 것이지.'** 그들이 예수님의 다른 가르침은 도전적이라고 느꼈을지 모르지만(산상설교를 쭉 읽으면 이렇게 느끼지 않을 수 없다) 이 점에서는 그들이 그의 승인을 받을 것으로 확신할 수 있었다.

그러나 둘째 부분이 이어진다.

"나는 너희에게 이르노니 음욕을 품고 여자를 보는 자마다 마음에 이미 간음하였느니라."

이에 대해 생각해보라. 예수님은 사람들이 그 계명을 어떻게 이해했는지를 부정하는 게 아니라 그 뜻과 적용 방법을 확장하고 있다. 그들은 단지 육체적 간음에 관한 계명으로 생각했다. 그러나 육체적 간음이 유일한 종류가 아니다. 간음이 침대에서 일어나지 않더라도 마음속에서 일어날 수 있다고 말씀하신다. 간음은 만지는 일만이 아니라 보는 것

24

으로도 범할 수 있다. 음욕을 품고 보는 자마다 이미 간음하였다. 이는 당신의 성기로 하는 일만이 아니라 당신의 눈과 마음으로 하는 일과도 관계가 있다. 당신이 다른 사람을 어떻게 보고 또 생각하는지와 관련이 있는 것이다.

예수님의 관심사는 **의도**이다. 그의 쟁점은 사람들이 서로를 알아보는 것이 아니라 타인을 "정욕적인 의도를 품고" 바라보는 것이다. 이는 누군가가 매력적임을 알아채는 것과 어떻게든 그를 소유하기 원하는 것 사이의 차이다. 바로 **그것**이 간음을 금하는 계명이 의미하는 바라고 예수님이 말씀하신다. 이 말씀의 의미는 나중에 살펴볼 예정이다.

피해자

그런데 예수님의 초점은 바라보는 사람에 두고 있지만 잠시 멈추고 이것이 상대방에게는 어떤 함의가 있는지 생각해보자.

예수님은 한 남자가 음욕을 품고 한 여자를 바라보는 시나리오를 주신다. 이 가르침은 물론 우리 모두에게 적용되지만, 특히 남자들이 들을 필요가 있다. 어쨌든 성폭행과 성추행의 절대다수가 여성들에게 범해지기 때문이다.

그래서 음욕을 품고 여자를 보는 남자는 실제로 여자와 동침한 것과 같이 간음을 금하는 계명을 어긴 셈이라고 예수님이 말씀하시는 것이다.

그러나 예수님이 여자에 관해 말씀하시는 것도 생각해 보라. **여자는 음욕을 품고 바라볼 대상이 아니다.** 그녀의 성은 귀하고 소중하며, 그녀는 그녀에게 중요한 성적 고결함을 갖고 있고 모든 사람에게 존중을 받아야 한다는 것이다. **이 성적 고결함은 너무나 소중해서 누군가의 마음속 사적 공간에서조차 침해돼서는 안 된다고 예수님이 말씀하고 계신다.** 그녀가 비록 그에 관해 알지 못할지라도 그녀는 음욕의 대상이 됨으로써 큰 피해를 본 셈이다.

우리는 보통 누군가의 사유 생활은 그들만의 것이고, 그들이 머릿속으로 생각하는 것은 다른 사람과 아무 상관이 없다고 생각한다. 그래서 우리는 이 지점에서 예수님이 우리 머릿속에 일어나는 일을 규제하려 한다고 그분을 제쳐 놓고 싶을지 모른다. 하지만 그렇게 하기 전에 예수님이 **왜** 이렇게 말씀하시는지를 알 필요가 있다. 누군가 말했듯이, 우리는 울타리를 헐기 전에 애초에 울타리가 거기에 세워진 이유를 알아야 한다.[5] 예수님은 우리의 성이 우리가 인식하는 것보다 훨씬 더 소중하고 그의 가르침이 실제로 일종의 보호 장치라는 것을 보여주고 계신다.

예수님만 그런 것이 아니다

예수님의 가르침은 성경 전체에 나타난 것을 잘 반영한다. 즉, 우리가 성적으로 서로를 어떻게 대하는지는 하나님께 대단히 중요하다는 것이다.

구약성경에서 이스라엘의 가장 위대한 영웅 중 하나는 다윗 왕이었다. 다윗은 왕국을 통일시켰고, 많은 적(거인 골리앗을 포함한)을 무찔렀으며, 노련한 시인이자 음악가였다. 그러나 성경은 결코 영웅들의 실수를 숨기지 않는다. 그들의 결함과 잘못을 모두 묘사한다. 다윗의 경우에는 그의 결함이 밧세바라는 여인과의 악명 높은 사건을 낳고 말았다. 우리는 나중에 이 에피소드로 두어 차례 되돌아올 것이다. 다윗이야말로 일이 얼마나 엉망진창이 될 수 있는지, 그리고

---

5. G. K. Chesterton, "The Thing," *The Collected Works of G. K. Chesterton*, *Vol 3* (San Francisco: Ignatius Press, 1986) p 157.

끔찍한 실수의 맥락에서도 어떻게 치유와 하나님의 용서를 찾을 수 있는지를 보여주는 중요한 실례이기 때문이다.

다윗은 그의 백성 중 한 명인 기혼 여성 밧세바를 불러 자기와 동침하게 했다. 그녀는 임신하게 되었다. 그래서 다윗은 군인 남편인 우리야가 전쟁터에서 돌아와 집에서 한 동안 지내도록 해서 백성들이 그 아기가 우리야의 자식인 것으로 생각하게 만들려고 음모를 꾸몄다. 음모대로 되지 않자 다윗은 우리야가 전투 중에 죽도록 잔머리를 굴렸고 재빨리 밧세바와 결혼했다.

얼마의 시간이 흐른 후 나단이라 불리는 용감한 사람이 다윗에게 그가 저지른 악에 대해 도전한다. 이제야 다윗이 정신을 차리고 그의 심각한 악행을 깨닫게 된다. 그는 양심의 가책을 깊이 느낀다. 그는 여전히 왕이란 사실을 주목할 필요가 있다. 이는 악행이 노출되어 좌천된 사람의 후회가 아니었다. 그는 여전히 왕좌에 앉아 있다. 그는 나단을 죽일 수도 있었다. 다윗을 회개로 이끄는 것은 여론이나 왕좌에 대한 위협이 아니라 하나님 앞에서의 그의 양심이다.

다윗은 자기가 행한 짓을 그대로 시인하고 이를 하나님께 드리는 강력한 시적 기도로 표현한다. 그 가운데 이런 글귀가 있다.

내가 주께만 범죄하여 주의 목전에 악을 행하였사오니. (시편 51:4)

첫눈에는 이 글귀가 매우 부적절해 보인다. 마치 다윗이 그의 행동이 초래한 인간의 고통을 간과한 채 그것을 그 자신과 하나님 간의 "영적인 문제"로 제쳐놓는 것만 같다. 마치 다윗이 자신의 악행을 최대한 직면하지 않고 회피하는 듯하다.

그런데 사실은 정반대다. 다윗이 밧세바에게 행한 일이 하나님에 대한 범죄인 이유는 **그녀의 성적 고결함이 바로 하나님이 주신 것**이기 때문임을 다윗이 깨닫게 된다. 다윗이 밧세바를 범한 것은 하나님에 대한 반역과 다름없다. 다윗의 기도는 밧세바와 우리야에게 범한 그의 죄의 심각성을 최소화하기는 고사하고 그것을 **해명하고** 있는 것이다.

이를 또 다른 방식으로 표현할 수 있다. **모든 성폭행은 신성한 공간에 대한 범죄이다.** 누군가를 학대하는 것은 하나님이 만드신 무언가를 학대하는 것이다. 다른 사람들은 단지 제삼자가 아니다. 그들은 하나님이 창조하기로 결정했고 또 깊이 배려하는 사람들이다. 그들을 학대하는 것은 하나님에 대한 모욕이다.

이런 믿음은 성폭행이 객관적으로 또 보편적으로 잘못된 행위라고 말할 수 있는 근거를 제공해준다. 왜냐하면, 그 피해자가 하나님께 어떤 존재인지에서 그 이유를 찾기 때문이다. 하나님이 그들을 창조하셨다. 그들의 인격적 고결함과 성적 고결함은 그분에게 중요하다. 당신이 그들에게 무모한 짓을 행하면 결국 하나님께 싸움을 거는 셈이다. 이것이 바로 예수님이 간음에 대한 그의 가르침에서 우리에게 경고하시는 바다.

우리가 누구와 동침하는가는 중요하다. 우리가 누구와 동침할 것을 **생각하는지**도 중요하다. 하나님이 우리에게 관심이 있다면 우리의 성에 관심이 있으실 것이다. 우리의 성은 소중하다. 따라서 우리의 성을 함부로 범하는 것은 심각한 문제이다.

작은 소녀의 가치는 얼마나 될까?

|

2장

레이첼 덴홀랜더(Rachael Denhollander)는 래리 나사르(Larry Nassar)의 재판이 진행되는 동안 유명해졌다. 미시간 주립대학교 접골 의사 출신으로 미국 체조 국가대표 팀의 주치의였던 래리 나사르는 젊은 여성과 소녀들 수십 명을 성추행한 혐의로 재판을 받고 있었다.

덴홀랜더가 재판에서 진술한 일부 내용이 온라인으로 삽시간에 퍼져나갔다. 판사에게 한 진술의 핵심에는 **작은 소녀의 가치는 얼마나 되는가?** 라는 날카로운 질문이 있었다.

|

내가 당신에게 요청하는 선고는 우리에게 행해진 짓이 중요하다는 것, 우리가 이미 알려졌다는 것, 우리는 모든 것을 걸 만한 가치, 법이 제공할 수 있는 최대의 보호를 받을 가치, 가능한 최대의 공명정대함을 받을 가치가 있다는 것을 말해주는 선고입니다.

그리고 방청하는 모든 사람에게 똑같은 질문, '작은 소녀의 가치는 얼마나 되는가?'를 던지고 싶습니다.

그녀는 이런 말로 마무리했다.

아퀼리나 판사님, 당신이 래리에게 내릴 선고를 심의하고, 이 피해자들이 모든 것을 걸 만한 가치가 있다는 메시지를 보내주시기를 탄원합니다. 이 법정의 두 목표를 모두 달성하기 위해, 이 생존자들은 모든 것을 걸 만한 가치가 있기에 상호합의 아래서 최고형을 내려달라고 탄원하는 바입니다.[6]

작은 소녀의 가치는 얼마나 될까? 이는 예수님이 명백한

---

6. 덴홀랜더의 전문은 다음 사이트를 참고하라. CNN here: www.bit.ly/occas;eep4 (accessed 21 August 2019).

답변을 주시는 질문이다. 그들은 너무나 귀중하다. 그러므로 그들의 성적 고결함은 예수님께 엄청나게 중요한 것이다.

예수님이 신상설교에서 성에 대해 그런 말씀은 하신 것은 성에 대해 낮은 견해가 아니라 매우 높은 견해를 가졌기 때문이다.

흔히 사람들이 기독교를 제쳐놓는 것은 기독교가 성(性)에 대해 고상한 체한다고 생각하기 때문이다. 그런데 사실은 그와 정반대라면 어떻게 될까? 만일 우리의 성적 고결함이 우리가 여태껏 알았던 것보다 훨씬 더 소중하다면?

어떤 저자는 성에 대한 우리의 견해를 다양한 유형의 자동차에 대한 태도에 비유했다. 차의 가치가 더 클수록 우리는 더 세심하게 관리한다.[7]

나도 공감한다. 일 년 전에 나는 어떤 미국 대학교에서 방문 교수로 한 학기를 보내게 되어 자동차가 필요했다. 한 친구가 나에게 그의 낡은 트럭을 언제든지 써도 좋다고 허락해줬다. 약간은 무모하지만 관대한 친절을 베푼 것이다.

---

7. John Dickson, *A Doubter's Guide to the Ten Commandments* (Zondervan, 2016), p 135.

나는 영국인이고 미국에서 운전한 적이 없었기에 늘 반대편 차선으로 운행할 위험이 있었다.

그러나 그것은 큰 위험부담은 아닌 것으로 드러났다. 나의 운전 기술이 예상보다 더 나았기 때문이 아니라 그 트럭의 상태 때문이었다. 그 차는 예상 수명을 훨씬 넘긴 정말로 낡고 낡은 트럭이었다. 그 트럭에 무슨 일이 일어나든 그것은 정말로 중요하지 않았다. 그 트럭은 내 친구에게도 별로 가치가 없어서 나는 편하게 쓰고 즐길 수 있었다. 흠집이 또 하나 생기거나 긁혀도 그리 눈에 띄지 않았다.

그런데도 그것은 관대한 배려라서 나는 고맙게 생각했다. 만일 다른 제안이 없었다면 내가 기쁘게 받아들였을 것이다. 또 다른 교수가 다른 차를 제공했는데, 이번에는 멋진 컨버터블이었다. 나는 도무지 믿을 수 없었다. 이 자동차는 내가 운전하는 방식이 정말로 중요했다고 말해도 좋겠다. 그 가치도 트럭보다 훨씬 더 컸다. 긁힌 자국도 없어서 내가 그런 상태로 유지할 필요가 있었다. 즉, 정성껏 돌보는 손길을 받을 자격이 있는 차였다.

달리 말해, 무언가에 대해 특히 신중하다는 것은 그것의 특별한 가치를, 우리가 그것을 얼마나 소중히 여기는지를 보여주는 표시이다. 만일 내가 크리스천으로서 내 몸을 사용하는 방식에 대해 까다롭다면, 당신은 내가 신체적 친밀함에 대해 낮은 견해를 갖고 있기 때문이라고 생각할지 모른다. 즉, 내가 그런 친밀함을 역겹게 여기거나 천하게 생각하기 때문이라고 생각할 것이다. 그러나 사실은 내가 몸 — 나의 것, 당신의 것과 모두의 것 — 을 고물 트럭이 아니라 컨버터블처럼 생각하기 때문이다.

내가 신체적 친밀함에 대해 까다로운 것은 그 가치를 **너무 낮게** 여기기 때문이 아니라 **아주 높게** 여기기 때문이다.

실패의 역사

그런데 성(性)에 대한 이런 견해를 크리스천들이 항상 잘 이해했거나 정확히 반영해왔던 것은 아니다. 성에 대해 내숭을 떨고 부정적인 크리스천의 태도는 과거에 일부 크리스천들이 영속시켰기 때문에 어느 정도의 근거가 있다.

중세의 예를 하나 들어보자. 교회 당국은 목요일에(그리스도가 체포된 날), 금요일에(그리스도께서 죽은 날), 토요일에(동정녀 마리아에 경의를 표하여), 그리고 일요일에(돌아가신 성인들을 기념하여) 성관계를 금지했다.[8] 그래서 당시의 크리스천 지도자들이 섹스를 좋아하지 않았다는 인상을 지우기 어렵다. 상상컨대, 그들 중 일부는 화요일과 수요일에도 섹스를 삼가게 할 이유를 열심히 구상했을 것 같다.

오늘날에는 그런 사람을 찾기 힘들지만, 교회에 다니는 많은 사람이 여전히 섹스를 무언가 **잘못된** 것으로 믿는 듯하다. 그러나 이는 한 마디로 잘못된 생각이다.

얼마 전 내가 교회에서 섹스에 관한 어떤 성경 본문에 대해 설교한 적이 있다. 예배가 끝난 후 한 교인이 나에게 오더니 자기는 섹스가 주일 아침에 다루기 적합한 주제가 아니라고 생각한다고 말하는 것이었다. 나는 성경에는 섹스와 성에 관한 얘기가 가득하고, 이 본문 ― 그 본문이 담긴 편지 전체 ― 은 본래 그 수신자인 교회에 큰 소리로 낭독되었다고 지적했다. 성경은 그 열렬한 일부 독자들보다 덜 고상한 체하는 경우가 많다.

아직도 일부 크리스천들은 이런 노선을 취할지 몰라도 성경은 결코 섹스를 반대하는 책이 아니다. 그와 정반대다.

---

8. Philip Yancey, *Designer Sex* (InterVarsity Press, 2003), p 7.

이보다 좀 더 균형 잡힌 견해는 신약성경의 상당 부분을 쓴 사도 바울의 가르침에서 볼 수 있다. 바울은 오늘의 그리스에 위치한 도시 데살로니가에 보낸 편지에서 일상생활에 대한 기독교 신앙의 함의를 개관할 때 성의 영역과 함께 시작한다.

> 하나님의 뜻은 여러분이 성결하게 되는 것입니다. 여러분은 음행을 멀리하여야 합니다. (데살로니가전서 4:3 새번역)

이 한 구절은 사실상 성에 대한 성경적 견해를 요약한다. 바울은 '모든 성행위를 멀리하라'고 말하지 않는다. 마치 섹스 자체가 문제라서 크리스천이 그것을 피해야 하는 것처럼 말이다.

이는 의미심장한 점이다. 크리스천은 잘못이라 믿는 성행위의 범주를 분명히 갖고 있다. (실제로 우리 모두가 행하는 것이다.) 반면에 성경이 완전히 선하고 옳다고 간주하는 성행위의 형태도 있다. 사실 성경은 이런 성적 친밀함을 **기뻐한다.** 많은 사람이 생각하듯이 내숭을 떨지 않는다는 뜻이다. 이런 맥락에서는 섹스를 열심히 즐기는 것이 마땅하다. 흔히들 생각하는 것과는 반대로, 바울은 섹스에 반대하는 사람이 **아니다.**

그러나 그는 **어떤** 형태의 섹스는 금하고 있다. **어떤** 형태의 성행위는 피해야 한다. 바울은 "성적 부도덕"과 같은 것이 있다고 말하면서 독자들에게 그런 것을 피하라고 촉구한다.

제약과 자유

이 말을 들으면 많은 사람이 눈알을 굴릴 것이다. 우리가 여태껏 이렇게 생각하지 않았던가. 기독교는 성적 자유보다 성적 제약과 더 관계가 많다고. 크리스천은 다른 사람이 사적인 침실에서 행하는 일을 규제할 무슨 권리가 있는가?

그런데 잠시 생각해보면 우리 모두 모종의 성적 제약을 믿고 있음을 알 수 있다. 성적 자유에 가장 헌신한 옹호자들조차 어떤 경계가 필요하다는 것을 인정한다. 이런 경계는 흔히 가정되고 있을 뿐이라서 그런 경계가 있는지 우리가 잘 인식하지 못할 따름이다.

예컨대, 동의의 문제를 생각해보자. 동의의 필요성은 너무 자명해서 군이 언급할 필요가 없다고 생각하기 쉽다. 동의가 필요하기에 우리는 "모든 사람은 그들이 원하는 것을 행하도록 허용되어야 한다"고 말할 수 없다고 내가 말하면, 흔히들 "물론 우리는 동의가 필요하다. 그건 자명하다"라는 응답을 하곤 한다.

그러나 미투 운동은 실은 그렇지 않다는 증거이다. 승낙의 필요성은 우리가 그동안 가정했고 지금은 그것을 올바로 규정짓고 강요할 필요가 있는 경계이다.

우리는 이제야 사람들이 자기네가 원치 않는 성적 행위를 하도록 노골적으로나 교묘하게 압력을 받아왔다는 사실을 인식하게 된 것 같다. 대학 캠퍼스들은 정확히 무엇이 합법적인 승낙을 구성하는지 규정해야 할 상황이다. 즉, 신체적 친밀함이 더 깊어지는 단계마다 명백한 구두적 승낙이 있어야 한다.

그리고 구두적 승낙이 있더라도 우리는 힘의 역동이 어떻게 작용할 수 있는지를 의식하게 된다. 만일 어떤 할리우드 거물이 망설이는 젊은 여배우에게 모종의 성적 접촉을 제안한다면, 이는 동등한 경쟁의 장이 아니라는 것이 명백하다. 전자가 후자의 운명과 성공을 좌우하는 통제권을 갖고 있다. 설사 그녀가 구두적 승낙을 할지라도, 만일 그녀가 이 사안에 장래의 성공이 달려있다고 느낀다면 그것은 진정한 응답이 아닐 가능성이 크다.

영화제작자 하비 와인스타인의 고소인 중 한 명은 이렇게 표현했다.

> "나는 생계를 유지하며 경력을 쌓으려고 애쓰는 28세 여성입니다. 하비 와인스타인은 세계적으로 유명한 64세 남성이고, 여긴 그의 회사입니다. 힘의 균형을 보면 나는 0이고 하비 와인스타인은 10입니다."[9]

그래서 누군가의 성욕에 제약을 가하는 일은 후진적이고 불필요하다고 말하는 것으로 충분치 않다. 누군가의 성욕은 다른 누군가를 강압하는 수단이 될 수 있다. 이것이 그들의 지배적인 성적 표현일지 모른다. 그러나 그것을 표현할 자유는 없다. 다른 무언가가 그들의 성욕을 채울 자유보다 더 중요하다. 따라서 성행위에 모종의 외적 제약을 가

---

9. *New York Times*: www.bit.ly/occasleep5 (accessed 21 August 2019)

하는 일이 항상 필요한 것이다.

우리가 필요하다고 흔히 생각하는 다른 경계는 동의하는 쌍방이 성인이어야 한다는 것이다. 미성년자는 취약해서 비록 동의가 있더라도 그것이 모종의 강압이나 조작이 없이 이루어졌다고 생각할 수 없다는 것을 우리는 인정한다. 그래서 우리는 완전한 성인이 아닌 십 대 후반과의 성적 접촉에도 법적 경계를 설정하는 것이다. 최근에 아동 성착취가 드러남에 따라 이 경계를 결코 당연시할 수 없다는 것을 알게 되었다.

경계선은 어디에 있는가?

따라서 대체로 우리는 제약이 없는 성적 자유를 믿지 않는 셈이다. 쟁점은 누군가의 성적 행동에 제약을 두어야 하는지가 아니라 그 제약이 무엇인가 하는 것이다. 우리는 제약의 필요성을 믿고 있다. 따라서 쟁점은 무슨 제약이어야 하는지에 있다. 우리는 성적으로 부도덕한 행위와 같은 것이 있다고 동의한다. 모든 성욕이 똑같이 건강하거나 고상하거나 옳은 것이 아니다. 어떤 형태의 성행위는 해롭다. 누구나 자신의 성욕에 대한 어느 정도의 자제가 꼭 필요하다.

기독교 성 윤리의 독특한 점은 경계의 존재에 있지 않고 그 경계가 어디에 위치하는지, 그리고 무슨 이유 때문인지에 있다. 쟁점은 크리스천들은 성적 억압을 선호하는 반면 다른 이들은 성적 자유를 옹호한다는 것이 아니다. 아무도 완전한 성적 자유를 찬성하지 않고, 누구나 어떤 성욕은 저항해야 한다고 믿는다. 우리가 할 일은 각각의 경계선을 고찰하고 그 근거가 얼마나 설득력이 있는지 평가하는 것이다. 경계가 더 좁다고 더 나쁜 것이 아니듯이 느슨하다고 더 좋은 것은 아니다. 기독교의 성 윤리를 "억압적"이라고 제쳐놓는 것은 부정직한 태도이다.

최근에 성추행과 성폭행의 만연 현상과 그 결과를 점점 더 인식하게 되면서 경계가 얼마나 중요한지를 새삼 깨닫게 되었다. 우리가 그 경계에 관심을 두게 된 것은 성이 중요하고 성적 착취 역시 중요하다고 확신하기 때문이다. 이는 내숭 떠는 것이 아니라 보호 장치이다.

신체적인 것만이 아니다

특정 경계가 필요하다는 점은 다른 어떤 것을 보여준다. 우리가 섹스에 관해 얘기할 때는 단지 신체적인 것만 얘기하는 게 아니라는 것이다.

1999년에 미국의 록 밴드 블러드하운드 갱은 「나쁜 손길」(*The Bad Touch*)이라는 트랙을 내놓았다. 주요 가사는 다음과 같다.

너와 나는 기껏해야 포유류 동물일 뿐이야.

그러니 그들이 디스커버리 채널에서 하는 것처럼 우리도 하자.[10]

우리는 때때로 이런 식으로 생각한다. 섹스에 관한 한, 우리는 그저 동물일 뿐이라고 말이다. 우리가 자연 세계와 공유하는 교배를 하고픈 신체적 본능에만 순종할 뿐이라고 생각하는 것이다. 그런즉 그것을 그토록 소중하게 여길 이유가 있을까? 그러나 우리는 그렇지 않다는 것을 알고 있

---

10. James M. Franks가 쓴 가사. 나에게 이 가사를 알려준 Glen Scrivener에게 감사를 드린다.

다. 다른 모든 영역에서는 서로에게 정반대되는 말을 한다. "그런 동물처럼 행동하지 말라." 우리를 짐승과 구별시키는 것이 무엇이든 간에, 이는 다른 영역과 똑같이 섹스에도 적용될 필요가 있다.

2001년에 상영된 론 하워드의 영화 「뷰티플 마인드」(A Beautiful Mind)에서 러셀 크로우는 사회성이 부족한 수학 천재 존 내쉬 역을 맡는다. 한 시점에 그는 술집에서 매력적인 여성을 만나지만 무슨 말을 할지 모른다.

"혹시 내게 술 한 잔 사고 싶지 않나요?"하고 그녀가 말한다.

내쉬는 이렇게 대답한다.

당신과 성관계를 하기 위해 내가 무슨 말을 해야 할지 잘 모르지만, 내가 그 모든 말을 했다고 생각할 수 있을까요? 본질적으로 우리는 지금 액체 교환에 관해 얘기하고 있는 게 맞죠?

그 자신에 관한 한, 이것은 단지 신체적 거래에 관한 문제인 만큼 서론을 생략한 채 그저 섹스에 동의할 수 있다는 것이다. 그것은 마치 악수보다 더 중요하지 않은 것처럼 단지 "액체 교환"에 지나지 않는다.

그러나 이런 사고방식은 분명히 잘못되었다. 우리는 그저 단순한 동물이 아니다. 섹스는 신체적인 것에 불과하지 않다. 우리가 동물 세계와 공유하는 것이 아무리 많을지라도 섹스에 대해 다른 기대감을 품고 있는 것이 틀림없다. 어떤 일이 자연에서 일어나기 때문에, 우리 역시 피조물이기 때문에, 우리가 자연에서 관찰하는 방식으로 우리도 행동해도 무방한 것은 아니다. 우리는 어느 정도까지 동물일지 모르나 그 이상의 존재이기도 하다. 동물에게는 그저 신체적인 것에 불과한 것이 종종 우리에게는 훨씬 더 의미심장하다.

내쉬는 이 점을 고통스럽게 발견하게 된다. 내쉬가 섹스는 본질적으로 "액체 교환"이라고 말한 직후 그 여성은 그의 뺨을 때린 후 나가 버린다. 우리는 그녀의 심정에 공감한다. 내쉬는 심오하고 중요한 어떤 것을 이해할 능력이 없었다.

사실 우리는 우리가 동침하는 상대에 대해 굉장한 주의를 기울인다. 그것이 중요하다는 것을 우리의 본능이 말해 준다. 캐틀린 플라나간의 비참한 진술을 비롯한 많은 이야기가 보여주었듯이, (우리와 다른 이들의) 경험은 성희롱과 성폭행이 깊은 영향을 미친다는 것을 보여준다. 사실 섹스는 우리의 몸보다 훨씬 많은 것을 포함하고 있음을 부인할 수 없다. 성행위는 하찮은 것이 아니다. 성을 어떻게 접근하는지에 너무나 많은 것이 걸려있기 때문에 가벼운 성관계(casual sex)와 같은 것은 없다고 말하는 것이 공평하다. 작가이자 강사인 글랜 스크리브너는 언젠가 나에게 성폭행의 고통은 벗겨진 무릎의 고통이 아니라 거룩한 공간이 더럽혀졌다는 트라우마라고 지적한 적이 있다. 아마 우리의 몸은 노리개이기보다 신전에 더 가까울 것이다.

그리고 우리는 이런 것들을 느낄 수 있다. 때로는 경험이 우리를 그렇게 만든다. 놀랍게도 성경에는 이런 느낌과 경험을 설명하는 자원이 있다. 우리가 누구랑 자는지가 중요하다는 것은 논란의 여지가 없다. 다른 무엇보다 기독교 신앙이 그 이유를 보여준다. 그것이 우리의 창조주에게 매우 중요하기 때문이다.

섹스의 목적은 무엇인가?

3장

여느 날을 막론하고 세상에는 염려할 것이 차고 넘치는 듯하다.

오늘 뉴스만 잠깐 봐도 북대서양 양편에 큰 정치적 불안정이 유발되고, 지구 반대편의 지정학적 강대국들이 호전성을 키우고, 환경 문제와 잠재적 희생에 대한 경종이 발해지고, 국내외의 통상적인 경제적 도전들 및 갈등과 불의와 착취의 상존이 우리를 위협하고 있다. 이런 중대한 문제들이 온통 우리의 마음을 차지하고 있는 현실이다.

그런데도 지난 몇 개월에 걸쳐 새로운 관심사가 인기를

끌고 있는 것이 이상하게 보인다. 젊은이들이 요즘 섹스를 상당히 덜 하는 것으로 드러난 현상이다. 이를 "섹스 후퇴"(sex recession)라고 부른다. 『애틀랜틱』 잡지에 따르면 "한 세대 만에 섹스가 대다수 고등학생이 경험했던 것에서 대다수가 경험하지 못한 것으로 바뀌었다." "오늘날의 20대 초반은 과거 X세대의 20대 초반보다 금욕할 가능성이 2.5배나 된다. 15%는 성인이 될 때까지 섹스를 경험하지 않았다"고 한다. 『이코노미스트』도 이와 비슷하게 말한다.

18세에서 29세까지의 미국인들 가운데 12개월 동안 섹스를 한 적이 없다고 말하는 젊은이의 비율이 십 년 만에 두 배로 늘었다. 작년에는 23%나 되었다.[11]

이런 성행위의 하향세는 연구자들에게 염려를 안겨주었는데, 그것이 차세대의 심각한 불안증의 지표일 수 있다고 우려하기 때문이다.

이는 또한 뜻밖의 현상으로 다가왔다. 서양 사회는 과

---

11. *The Atlantic*, December 2018. www.bit.ly/occasleep6 (accessed 21 August 2019).

거 어느 때보다 더 성적인 방임과 관용을 허락하고 있기 때문이다. 스마트폰 테크놀로지는 또한 수년 전에 상상했던 것보다 더 쉽게 — 실제적이고 가상적인 — 섹스에 접근할 수 있게 해주었다. 그런데도 십 대들은 25년 전보다 성적 활동이 훨씬 더 줄어든 것으로 보도되고 있다. 우리가 몸담은 시대는 섹스에 더 신경을 쓰면서도 훨씬 덜 관여하고 있는 셈이다.[12]

물론 연구자들은 이런 추세를 설명할 수 있는 요인들을 찾으려고 노력하는 중이다. 그들은 다양한 방향을 가리키고 있다. 압도적인 경제적 압박, 불안의 급증, 또는 넷플릭스(Netflix)와 같은 스트리밍 서비스로부터 디지털 포르노의 만연, 훅업 문화, 오늘날의 건강 양상, 미투 문화에서 로맨틱한 관계 맺기를 주저하는 현상, 헬리콥터 자녀 양육 방식에 이르기까지 온갖 요인을 든다.

그 원인이 무엇이든 간에 아무도 그런 현실을 부인하지 않는다. 섹스에 대한 태도가 바뀌고 있고, 우리는 어느 방

---

12. 주로 젊은이 — 성적 활동의 비율이 더 높을 것으로 예상되는 이들 — 에게 초점을 맞추고 있지만 성인들에게도 적용된다. 지난 십여 년간 평균적인 미국 성인의 섹스 횟수는 연간 62회에서 54회로 줄었다.

향으로 나가는지 잘 모른다. 몇 년이 흐르면 많이 달라질 수도 있다. 그 이유를 딱 집어낼 수는 없어도 젊은이들 사이에 섹스의 동기가 점점 더 약해지는 것 같다.

오늘날 사람들이 점점 더 관심을 품는 유일한 섹스는 가상적인 섹스 또는 포르노와 노골적 TV에 나오는 섹스 연기인데, 성경은 우리에게 **실제 섹스**를 소중하게 여길 긍정적 이유들을 제공한다. 우리가 이미 살펴보았듯이, 성경에 관한 한 기독교는 전혀 섹스를 반대하는 입장이 아니다. 우리가 누구랑 자는지가 중요하고, 이는 하나님께도 중요한 문제이다. 그 이유를 알 필요가 있다. 이에 대한 대답은 당신을 놀라게 할 것이다.

실제 섹스는 왜 중요한가?

출발점은 사람들이 하나님께 중요하기에 섹스가 그분께 중요함을 아는 것이다. 하나님이 세상을 어떻게 만드셨는지를 얘기하는 성경의 첫 장이 바로 이 점을 분명히 한다.[13] 그 글은 메마른 보고서가 아니라 하나님의 창조 사역을 **기뻐하는** 본문이다. 거기에는 운율과 시가 있다. 하나님이 이 세계를 만들고 가득 채우시는 장면이 나오고, 이는 인간의 출현으로 최고조에 달한다.

> 하나님이 이르시되 "우리의 형상을 따라 우리의 모양대로 우리가 사람을 만들고 그들로 바다의 물고기와 하늘의 새와 가축과 온 땅과 땅에 기는 모든 것을 다스리게 하자" 하시고, 하나님이 자기 형상 곧 하나님의 형상대로 사람을 창조하시되 남자와 여자를 창조하시고. (창세기 1:26~27)

이는 잘 아는 말씀일 것이다. 사람이 하나님의 형상으로 만들어졌다는 것도 자명하게 보일지 모른다. 하지만 두 가지 사항을 주목할 필요가 있다.

하나님의 천지창조에 관한 이야기를 읽어보면 이제까지

---

13. 이 대목에서 얼마나 많은 부분이 역사적으로 또 과학적으로 입증되었는지에 관한 질문이 많지만, 이는 이 책의 주제와 거리가 멀다. 좋은 입문서로 존 레녹스, 『과학은 모든 것을 설명할 수 있을까?』(아바서원)를 추천한다.

는 창조 사역이 하나님의 구두 명령으로 이뤄진 것을 알게 된다. 예컨대, 하나님이 "빛이 있으라"고 말씀하시자 그대로 된다. 하나님이 무엇을 선언하시면 그것이 존재하게 되는 것이다. 밤과 낮, 육지와 바다, 해와 달, 식물, 동물, 물고기와 새 등 모든 것이 그렇게 창조되었다.

그러나 사람은 달랐다.

우리를 만드는 시점에 이르면 상당한 심사숙고가 있는 듯하다. 하나님은 마치 사람이 창조세계의 액세서리인 것처럼 그저 "사람이 있으라"고 말씀하시지 않는다. 그분은 "우리가 …을 만들자"라고 말씀하신다. 이 창조 행위에 그분이 더 많은 것을 투입하시는 것처럼 무언가 특별한 것을 만들겠다고 시사하는 대목이다.

당신이 특별한 존재인 이유

우리는 그 이유를 금방 알게 된다. 바로 하나님이 무언가를 그의 "형상" 내지는 "모양"대로 만들려고 한다는 것이다. 창세기 1장에 따르면, 인간은 다른 모든 것과 비슷한 면이 있는 동시에 다른 모든 것과 다른 면도 있다. 하나님이 창조하셔서 그분께 의존하고 있다는 점에서는 비슷하고, 유일하게 하나님의 어떤 모습을 반영한다는 점에서는 다르다. 개와 돌고래, 델피니움과 백운석도 모두 멋지지만, 우리는 하나님의 형상대로 만들어진 유일한 존재들이다.

이는 우리가 우리 삶의 모든 측면에 대해 생각할 때 유념해야 할 근본 진리이고, 그 함의는 이루 다 헤아릴 수 없다. 먼저, 도로에서 내 차 앞에 갑자기 끼어드는 바람에 내가 황급히 브레이크를 밟아 자동차 안을 난장판으로 만들게 한 사람이 (그런 행동에도 불구하고) 사실상 지구상의 다른 어떤 피조물보다 하나님을 더 닮은 존재라는 것을 의미한다. 사람들이 나에게 평범하게 보일지 모른다. 그러나 실은 그렇지 않다. 아무도 그렇지 않다. 우리는 모두 하나님의 눈에 이루 헤아릴 수 없는 가치를 갖고 있다. 하나님은 우리를 그분의 어떤 모습을 반영하도록 만드셨다. 모든 생명은 하나님의 선물이다. 그러나 인간 생명은 독특한 가치를 지니고 있다.

인간 생명에는 무언가 신성한 면이 있다. 우리 대다수는 이를 감지한다. 우리가 다른 피조물의 안녕에 무관심하지 않은 것은 옳은 일이다. 그러나 인간의 생명은 특별한 의미에서 중요하다는 것을 우리는 안다. 누군가 애완동물을 인간처럼 대한다면 우리는 이상하다고 생각한다. 반면에 누군가 인간을 동물처럼 대한다면 우리는 굉장히 잘못되었다는 것을 안다. 우리가 어떤 단점을 갖고 있든지(성경은 우리에게 많은 단점이 있음을 보여준다) 우리는 불완전하게나마 여전히 하나님의 어떤 면을 갖고 있다.

이는 섹스의 의미심장함을 보여주기 시작한다. 내 친구이자 동료인 압두 머리는 이렇게 표현한다.

인간의 신성함은 우리에게 인간의 성이 왜 신성하고 보호할 가치가 있는지 보여준다. 우리가 아기를 귀여워할 때 차갑게 단순한 유기체를 관찰하고 있는 것이 아니다. 우리는 … 하나님의 손가락을 지닌 존재를 목격하고 있다. 남자와 여자 간의 섹스가 그런 귀한 존재를 이 세상에 생기게 하는 유일한 수단이다. 그리고 인간은 섹스의 신성한 산물이기 때문에 그 사람이 만들어지는 성적 과정 역시 신성한 것이다.[14]

---

14. Abdu Murray, *Saving Truth* (Zondervan), p 137.

인간 생명의 독특한 가치를 감안하면 새로운 생명의 창조는 매우 의미심장하다. 사람들이 그토록 고귀하다면 그들을 만드는 수단 역시 고귀하다고 해도 과언이 아니다.

미국에서 새로운 화폐를 생산하는 곳은 재무부 소속 연방 인쇄국이다. 새로운 화폐를 생산하는 것은 작은 일이 아니다. 매우 복잡하고 값비싼 과정이다. 디자인과 조판 같은 명백한 부분과 더불어 다양한 요소들이 지폐의 앞뒤 면에 배합되는 강철 요판 조각과 같은 잘 알려지지 않은 전문 기술도 있다. 전 과정에서 최대의 장비는 대형 인쇄 검사기이다. 그 길이는 44m이고 다양한 검증과 검열을 수행하는 20대의 카메라를 갖고 있다. 이 테크놀로지와 그 과정이 싸구려가 아닌 것은 말할 필요도 없다. 미국에서 화폐와 동전 생산용 2019년 예산은 무려 9억 5580만 달러였다.

우리는 놀랄 필요가 없다. 돈은 귀중하다. 돈을 생산하는 과정도 따라서 절대로 값싸지 않은 것이다.

만일 인간 생명이 하나님께 신성하다면, 새로운 인간 생명이 생산되는 과정 또한 신성한 것이다. 이는 우리 인간이 얼마나 소중한 존재인지를 보여준다. 하나님이 섹스에 신경을 쓰시는 이유는 우리에게 관심이 있기 때문이다. 섹스가 중요한 이유는 우리가 중요한 존재이기 때문이다. 어떻게 달리 생각할 수 있을까? 각 인간 생명을 귀중한 존재로 여기는 하나님이 그 인간 생명이 만들어지는 과정에 무관심한 것은 도무지 상상하기 어렵다.

그리고 그 과정은 하나님이 사람들에게 주신 과업을 수행하는 데 꼭 필요하다.

땅을 가득 채우는 것

성경이 묘사하는 섹스의 첫째 목적은 출산이다.

하나님이 그들에게 복을 주시며 하나님이 그들에게 이르시되 "생육하고 번성하여 땅에 충만하라, 땅을 정복하라, 바다의 물고기와 하늘의 새와 땅에 움직이는 모든 생물을 다스리라" 하시니라. (창세기 1:28)

이는 자의적인 명령이 아니다. 사람들이 하나님의 형상으로 만들어졌다면 하나님은 그의 형상이 땅을 가득 채우기를 원하신다. 온 세계가 그분이 누군지를 완전히 반영하게 하기 위해서다. 그분의 형상을 지닌 자들은 그러므로 그분의 형상을 재생산해 그것이 지구촌 전역에 퍼져나가 그들을 통해 하나님의 현존과 자애로운 다스림이 완전히 나타나게 하라는 분부를 받은 것이다.

달리 말하면, 섹스는 하나님의 아이디어이지 우리의 것이 아니란 뜻이다. 섹스는 우리가 하나님의 등 뒤에서 발견한 것이 아니다. 하나님이 우리에게 마지못해 허락한 것도 아니다. 하나님이 인간에게 주신 첫 명령은 섹스를 포함하고 또 필요로 한다.

우리 문화에서는 섹스를 일차적으로(어떤 경우에는 오로지) **레크리에이션**으로 생각하는 경향이 있다. 섹스는 원치 않는 재생산의 결과가 없이 그저 즐기는 하나의 수단으로 여겨지게 되었다. 우리는 이런 성적 자유를 점점 더 기본권으로 보고 그에 대한 걸림돌을 하나의 실존적 위협으로 간주한다. 불편할지 몰라도 성경은 이런 사고방식에 도전한다. 섹스는 재생산의 맥락에서 도입되었다. 이는 새로운 생명의 창조를 지향하게 되어 있다. 섹스를 이 넓은 맥락과 목적에서 완전히 떼어내려는 것은 그것을 오해하고 심지어 오용하는 것이다.

그렇다고 섹스는 오직 재생산만을 위한 것이란 말은 아니다. 성경에서 섹스는 오직 재창조만을 위한 것이 아니고 오직 출산만을 위한 것도 아니다. 창세기 2장이 이 점을 부각한다. 섹스는 또 다른 목적도 갖고 있다.

"하나됨"을 창조하는 것

창세기의 창조 이야기는 두 부분으로 구성되어 있다. 첫 번째 부분, 곧 "광각 렌즈"로 본 창조에 대해서는 이미 다뤘다. 두 번째 부분은 최초의 커플인 아담과 하와에게 초점을 맞춘다. 그들이 만나 함께하게 된 경위가 기록되어 있다.

아담이 이르되 "이는 내 뼈 중의 뼈요 살 중의 살이라 이것을 남자에게서 취하였은즉 '여자'라 부르리라" 하니라. 이러므로 남자가 부모를 떠나 그의 아내와 합하여 둘이 한 몸을 이룰지로다. 아담과 그의 아내 두 사람이 벌거벗었으나 부끄러워하지 아니하니라. (창세기 2:23~25)

아담은 하와의 창조를 기뻐한다. 그는 즉시 하와도 그와 똑같은 "재료"로 만들어졌다는 것을 안다. 이 시점까지 그와 함께했던 동물들과 다르다는 것을 인식한다. 그녀는 독특하다. 그로부터 또 그와 비슷하게 만들어지되 다른 어떤 것에도 적용되지 않은 방식으로 만들어진 존재이다. 그들은 동반자가 된다. 문자 그대로 서로를 위해 창조된 관계이다. 그래서 그들이 함께하는 것은 놀랄 일이 아니다.

이는 의미심장하다. 성경은 이것을 인간의 상호작용을 보여주는 최초의 장면으로 삼는다. 이로 보건대 그것은 중요한 것임이 틀림없다. 이 장면의 결과가 그 이유를 보여준다. 둘이 "한 몸"이 되었기 때문이다. 달리 말하면, 섹스는 둘이 하나가 되는 과정의 일부라는 뜻이다. 본래 섹스는 두 사람을 하나로 만드는 효과를 발휘하게끔 되어 있다.

이 때문에 섹스가 그토록 힘이 있는 것이다. 그래서 모든 강력한 힘과 마찬가지로 섹스 역시 옳게 사용될 필요가 있다. 올바른 환경에서 사용되어야 한다는 뜻이다. 섹스를 불처럼 생각하는 것도 도움이 된다.

지금 내가 이 글을 쓰고 있는 곳은 크고 화려한 벽난로가 중앙에 자리 잡은 누군가의 거실이다. 이곳이 우리가 불을 붙일 수 있는 집안의 유일한 장소이다. 여기서 불을 붙이면

이는 빛과 온기와 생명을 선사한다. 다른 곳에서 불을 붙이면 무척 위험해지고, 파괴적이고, 심지어 생명까지 위협할 것이다. 옳은 장소에서는 불이 가정의 분위기를 향상할 수 있다. 그릇된 장소에서는 불이 모든 것을 잿더미로 만들 수 있다.

섹스는 이와 비슷하다. 일종의 "거룩한 불"이다.[15] 옳은 맥락에서는 섹스가 특정한 형태의 사랑을 표현하고 또 심화한다. 그릇된 맥락에서는 엄청난 고통과 파괴를 유발할 수 있다. 이 때문에 성경은 섹스가 오직 특정한 환경만을 위한 것이라고 주장하는 것이다. 이 환경 내에서는 섹스가 하나님의 선물일 수 있다. 올바른 맥락을 벗어나면 해로운 것이 될 수 있다.

이것을 피할 쉬운 방도는 없다. 처음부터 끝까지, 성경은 섹스를 한 남자와 한 여자가 한 몸이 되는 연합, 즉 결혼의 맥락을 위해 고안된 것이라고 말한다. 이 글을 쓰는 순간에도 이것이 오늘날 얼마나 거슬리게 들리는지 나는 절감하고 있다. 이런 식으로 섹스를 제한하는 것은 어쩌면 해로

---

15. 이 문구를 제안한 Glen Scrivener에게 감사한다.

운, 독단적인 태도로 보일 수 있다. 그런데도 당신이 계속 읽을 수만 있다면 성경이 왜 이렇게 가르치는지를 알 때까지 손을 놓지 말길 바란다. 당신이 믿든 말든, 크리스천들은 이런 틀이 남성 됨과 여성 됨의 뜻에 관한 긍정적 메시지, 그리고 깊은 연합에 대한 인간 욕구에서 나온다는 것을 알고 있다.

이 모든 것은 "한 몸"이란 작은 문구의 해석에서 나온다. 이는 성별 내지는 개입된 사람의 수와 무관하게 존재할 수 있는 성인(成人) 사랑의 유대 이상의 것을 묘사한다. 성경에서 "한 몸"은 우리에게 한 이야기를 들려주는데, 이는 우리 모두를 포함하는 이야기다. 이는 하나님이 주신 섹스의 경계를 설정하고 또 그 영광을 가리킨다.

섹스와 (재)결합

하와의 창조 기사에 따르면, 하나님이 아담을 깊이 잠들게 한 후 갈빗대 하나를 취해 그 갈빗대로 하와를 만드신다 (창세기 2:21~22). 아담은 그녀에 대한 첫 반응에서 이 점을 인정한다. "그녀는 남자에게서 취하였다." 그들이 성적 합일로 하나가 될 때는 그녀의 창조로 분리되었던 몸이 재결합하는 것이다. 그들의 연합은 일종의 재연합인 셈이다.

저자인 로날드 롤하이저는 그 증거를 섹스란 단어에서 찾는다.

섹스(sex)란 단어는 라틴어 동사 secare에 어원을 두고 있다. secare는 (문자적으로) "잘라내다", "차단한다", "절단하다", "전체에서 분리하다"란 뜻을 갖는다.

약간 거슬리긴 해도 그는 이런 강력한 결론에 도달한다.

우리가 심지어 자의식을 갖기 오래전에, 우리의 성이 성욕을 중심으로 그토록 강하게 맴도는 사춘기에 이르기 오래전에, 우리는 우리 몸의 모든 세포와 정신과 영혼에 섹스를 경험했다고 뼈아프게 느낀다. … 우리는 이 세상에 깨어나서 우리 존재의 모든 세포에, 의식적으로 또 무의식적으로, 우리가 불완전하고 온전치 못하고 외롭고 절단되었고 한때는 전체 중 일부

였던 무언가의 작은 조각임을 감지하며 통증을 느낀다.[16]

달리 말하면, 완전해지고픈 우리의 갈망은 마치 신체적, 성적 충족 자체가 우리를 온전하게 만들어줄 것처럼 느끼는 그런 것이 아니다. 우리의 성욕은 우리가 온전해지고 싶은 더 깊은 욕구의 격심한 반영일 뿐이다. 아담과 하와의 재결합은 우리 모두 간절히 찾고 있는 더 충만한 온전함의 그림이다.

성별과 성별의 상호의존

창세기 1~2장은 또한 남자와 여자의 관계에 대해 중요한 것을 말해준다.

하나님이 자기 형상 곧 하나님의 형상대로 사람을 창조하시되 남자와 여자를 창조하시고 (창세기 1:27)

---

16. Ronald Rolheiser, *The Holy Longing: The search for a Christian Spirituality* (New York: Image, 1998, 2014), p 193-194.

우리가 남자와 여자로 창조된 것은 우리가 하나님의 형상으로 만들어진 것과 밀접한 관계가 있다. 인간은 물론 남성과 여성으로 만들어진 유일한 피조물이 아니다. 우리 집에는 수컷 개와 수컷 고양이와 암컷 고양이 두 마리가 있다. 그러나 우리 인간은 이런 성적 차별성이 이런 중요한 의미를 지니는 유일한 피조물이다. 즉, 이 구절은 우리가 하나님의 형상을 더 잘 반영하기 위해 남자와 여자로서 **서로를 필요로 한다**는 점을 보여준다. 그렇다고 남자와 여자가 각각 하나님의 형상의 절반을 구성해서 그 형상을 완성하기 위해 상대방이 필요하다는 뜻이 아니다. 각각이 이미 하나님의 형상으로 만들어졌다. 그러나 양성 간의 상호작용 속에는 우리가 함께 좀 더 완전하게 하나님의 형상을 반영하게 돕는 무언가가 있다.

다음 사고 실험에 대해 생각해보라. 예컨대, 남자들만 사는 어느 도시를 상상해보라. 이런 공동체는 여러 면에서 역기능적인 사회가 될 것이라고 다수가 생각하리라. 각 성은 다른 성의 무언가를 완화해주고 그 성에 무언가를 더해준다고 우리는 느낀다. 우리는 서로가 **필요하다**. 양성 간의 상호작용은 서로를 풍요롭게 해준다.

이는 모든 수준의 상호작용에 해당하지만, 특히 결혼 관계 안에서 최고의 형태에 이른다. 둘이 **한 몸**이 되는 것이다.

작가 팀 켈러는 이렇게 표현한다.

남자와 여자는 상호교환이 불가능한 독특한 자랑거리를 갖고 있다. 각각 다른 편이 할 수 없는 것을 보고 또 행한다. 섹스는 결혼이라는 평생 언약 안에서 이런 강점과 자랑거리를 섞는 방법으로 하나님이 창조하신 것이다. 결혼은 남자와 여자의 이런 재결합이 삶 가운데 일어나는 가장 강렬한(유일하진 않아도) 장소이다. 남자와 여자는 함께 개조하고 배우고 일하는 관계이다.[17]

창세기 2장의 언어는 이를 강화하고 우리를 다음 사항으로 이끌어준다.

---

17. Tim Keller, "The Bible and Same Sex Relationships: A Review Article" *Redeemer Report*, June 2015, www.bit.ly/occasleep7 (accessed 21 August 2019).

서로 다르지만 하나가 되다

〰〰〰〰

남자와 여자가 "한 몸"이 된다고 한다. "한"에 쓰인 히브리어 단어 에차드(*'echad*)는 숫자 하나가 아니라 연합을 의미한다. 단일한 덩어리인 무언가를 가리킨다. 하나 됨은 통합과 온전함을 느끼는 것이다.

신명기 6장 4절은 구약에서 하나님에 관한 가장 근본적인 진리 중 하나를 말하기 위해 쓰이는 똑같은 히브리어 단어를 사용한다. "이스라엘아 들으라. 우리 하나님 여호와는 오직 유일한 여호와이시니." 이는 단지 유일한 하나님이 계신다는 말뿐 아니라 ─ 그 자체도 성경의 중요한 주장이긴 하지만 ─ 거기에 계시는 유일한 하나님은 심오한 통일체라는 말이다.

하나님께서 인간을 창조하시는 장면을 보면 하나님은 스스로를 "우리"라고 지칭하신다. "우리의 형상을 따라… 우리가 사람을 만들고…"(창세기 1:26). 이는 하나님에게 복수성이 있으나 한 분임을 암시한다.

신약성경은 하나님을 아버지와 아들과 성령으로 묘사하는 만큼 ─ 구별되지만 연합된 세 위 격 ─ 이 통일체는 실제로 삼위통일체(triunity, 이로부터 삼위일체가 나온다)이다. 셋은 각각 구별된다. 셋은 서로 교체될 수 없다. 그러나 셋은 하나이다.

바로 이 연합이 아담과 하와의 합일에 반영되어 있다. 이 둘은 하나님의 하나 됨을 반영하는 그런 하나이다. 이는 획일적인 연합이 아니라 서로 다르지만 하나가 되는 연합이다.

이는 성경이 왜 결혼을 한 남자와 한 여자 간의 관계로만 묘사하는지를 어느 정도 설명해준다. 켈러는 이렇게 논의를 이어간다.

현대 후반의 큰 아이러니 중 하나가 이것이다. 우리가 그토록 많은 문화 부문들에서는 다양성을 기뻐하면서도 궁극적인 '다양성 속의 하나 됨', 즉 양성 간의 결혼을 잘라내어 버린 것이다.

오늘날 우리 문화에서는 결혼이란 것을 일차적으로 성인들이 서로에게 품은 낭만적 감정을 충족시킬 기회로 생각하는 경향이 있다. 만일 이것이 일차적인 초점이라면 관련된 사람들이 남자들이든 여자들이든 별로 상관이 없다. 단 두 사람이 관련되어 있어도 문제가 되지 않는다. 지금은 "세 명 간의 연애 관계"도 합법적 결혼으로 인정해달라는 요청이 점점 더 늘고 있고 심지어는 "자기 자신과의 결혼"(sologamy) 도 허용받고 싶어 한다.[18] 만일 결혼이 일차적으로 상호 간의 낭만적 감정을 충족시키는 문제라면, 합법적 결혼에서 특정한 유형의 관계를 배제하는 것은 불공평하게 보일 것이다.

게이 작가 앤드류 설리반은 이렇게 표현한다.

그것[결혼]은 자녀 양육의 수단으로부터 일차적으로 두 성인 이 서로에 대한 감정적 헌신을 긍정하는 방식이 되고 말았다.[19]

그러나 창세기 2장의 기사는 결혼의 의미의 배후에는 낭만적 감정의 충족 이상의 것이 있다고 암시한다. 한 몸을 이루는 합일은 낭만적 감정의 충족의 최고조가 아니라 남자와 여자 간 연합의 최고 형태이다.

---

18. BBC news. www.bit.ly/occasleep8(accessed21 August 2019)

19. Andrew Sullivan, *Same-Sex Marriage: Pro and Con: A Reader* (New York: Vintage, 1997, 2004), p xxiii

남자와 여자의 생물학적 상호보완성을 보면, 한 남자와 한 여자의 신체적 및 성적 합일이 다른 어떤 것과도 같지 않다는 것을 알 수 있다. 그 합일 자체는 유일무이하다. 그래서 우리는 결혼에 우리를 위한 독특한 의미와 목적이 있다는 것을 기대하게 된다. 이제 결혼의 목적을 살펴보자.

섹스는 결혼만을 위한 것인가?

4장

때때로 어떤 선물은 겉모습과 다르다. 고품질의 명품처럼 보이지만 짝퉁으로 드러난다. 또는 결함이 있다. 또는 자기가 받은 선물을 더는 원치 않아서 돌려주는 경우도 있다. 어떤 이유로든, 정말로 값진 선물로 보였던 것이 생각보다 값싼 것으로 판명된다.

섹스를 본래의 맥락에서 떼어내면 이런 일이 벌어진다. 섹스가 즐거움을 줄 수 있어서 우리는 섹스를 다른 즐거운 것들처럼 생각하기 쉽다. **우리는 그것을 어떻게 최대한 즐길 수 있을까?** 우리가 메뉴를 훑어볼 때는 "무엇이 가장 맛

있을까? 지금 무엇에 마음이 끌리는가?"하고 생각한다. 그리고 섹스에 대해서도 본능적으로 "무엇이 나를 가장 만족시킬까?"하고 생각할 수 있다.

이는 자연스러운 사고방식이다. 그런데 만일 이것이 우리의 생각을 온통 지배하고 있다면, 우리는 섹스의 목적 중심에 있는 것을 놓칠 위험이 있다. 바로 **주는 것**(giving)이다.

성경이 섹스를 반대하지 않는다는 것을 이미 살펴보았는데, 이제 그 이유를 알아보기 시작하자. 한 저자는 섹스의 목적에 대한 성경의 관점을 이렇게 요약한다.

섹스는 두 사람이 서로에게 "나는 완전히, 영구적으로, 오로지 당신에게만 속해 있다"라고 말하는, 하나님이 지정하신 방법이다.[20]

만일 그렇다면, 이는 섹스에 대한 태도에 아름답고 파격적인 함의를 지니게 된다. 섹스를 즐거움을 얻는 수단으로 축소하는 것은 그런 배타적인 헌신과 거리가 멀다. 우리

---

20. Tim Keller, *The Meaning of Marriage* (Dutton, 2011), p 224. 『팀 켈러, 결혼을 말하다』(두란노)

가 누군가에게 성적 관계의 선물을 준다고 생각하지만, 우리의 자아 전체를 완전히 주지 않는다면, 우리의 선물은 첫 모습보다 훨씬 더 값싼 것으로 드러나게 된다.

이는 중요한 주장인 만큼 우리가 한 걸음 물러서서 성경이 **어떻게** 또 **왜** 이런 결론에 도달하는지 살펴볼 필요가 있다.

예수님의 가르침에 대해 생각하면 그 초점이 더욱 뚜렷해진다.

바리새인들이 예수께 나아와 그를 시험하여 이르되 "사람이 어떤 이유가 있으면 그 아내를 버리는 것이 옳으니이까?"

예수께서 대답하여 이르시되 "사람을 지으신 이가 본래 그들을 남자와 여자로 지으시고 말씀하시기를 '그러므로 사람이 그 부모를 떠나서 아내에게 합하여 그 둘이 한 몸이 될지니라' 하신 것을 읽지 못하였느냐? 그런즉 이제 둘이 아니요 한 몸이니 그러므로 하나님이 짝지어 주신 것을 사람이 나누지 못할지니라" 하시니. (마태복음 19:3~6)

예수님이 창세기 1장 27절(첫째 단락의 인용)과 창세기 2장 24절(둘째 단락의 인용)을 연결한 것을 눈여겨보라. 예수님은 이혼에 대해 질문을 받고 결혼에서의 한 몸 합일(one-flesh union)을 가리킴으로써 그 질문에 대답하신다. 만일 한 몸 합일이 어떤 종류의 성적 합일에서도 존재한다면, 관여한 이들의 성과 무관하게, 그는 이보다 더 많은 것을 말할 필요가 없었을 것이다. 그러나 그는 더 많은 것을 말한다. 창세기 2장으로만이 아니라 창세기 1장으로 돌아가서 하나님이 인간을 남자와 여자로 창조하셨다고 되풀이한다.

바로 이것이 한 남자와 한 여자의 한 몸 합일을 설명한다. 하나님은 우리를 성적으로 남자와 여자로 구별하셨고, 이 차별성은 형상을 지닌 자로서 우리 정체성에 기본이 된다. 다른 중요한 차이점들도 우리 사이에 존재하고, 이 차이점들의 상호작용은 우리를 또한 풍요롭게 한다. 그러나 그런 차이점들 중 어느 것도 남자와 여자의 차이만큼 본질적이지 않다. 창세기 1장은 "하나님이 그들을 내성적인 사람과 외향적인 사람으로 창조했다." 또는 "좌뇌 인과 우뇌 인으로 창조했다." 또는 "흑인과 백인으로 창조했다."라고 말하지 않는다. 성적 차이는 결정적이고, 따라서 우리를 풍요롭게 할 수 있고 또 두 사람을 한 몸으로 만들 수 있는 유일한 것은 바로 남자와 여자 간의 합일이다.

이에 관해 할 말은 엄청나게 많다. 이는 성과 성 정체성에 대해 중요한 질문을 제기하지만, 이 책의 범위를 벗어나는 문제이다.[21] 우리가 꼭 이해해야 할 것은 남자와 여자 간의 상호작용이 어떻게 기독교적 성 윤리의 기본이 되는가 하는 점이다.

섹스는 자기를 내어주는 수단이다

사도 바울은 고린도 교회에 이런 가르침을 준다.

남편은 그 아내에 대한 의무를 다하고 아내도 그 남편에게 그렇게 할지라. 아내는 자기 몸을 주장하지 못하고 오직 그 남편이 하며 남편도 그와 같이 자기 몸을 주장하지 못하고 오직 그아내가 하나니 (고린도전서 7:3~4)

---

21. 이런 중요한 질문들에 관해서는 다음 두 권을 참고하라. 샘 올베리, 『하나님은 동성애를 반대하실까?』(아바서원), Andrew Walker, *God and the Transgender Debate* (The Good Book Company, 2017).

이 가르침이 고대 세계에 얼마나 혁명적으로 들렸을지는 다음 장에서 다루겠는데, 여기서는 바울이 남편과 아내 **모두**에게 성생활에서 어떻게 자기를 내어주라고 권면하는지를 주목하라. 서로 간의 깊은 소속감은 구약의 아가서, 곧 젊은 남자와 여자 간의 사랑을 찬미하는 책에도 두드러지게 나타난다. "나는 내 사랑하는 자에게 속하였고 내 사랑하는 자는 내게 속하였다"고 젊은 신부가 말한다(아가서 6:3). 섹스는 본래 자신을 상대방에게 완전히 주는 것으로 설계되었기 때문에 바울이 남편과 아내에게 이런 가르침을 주는 것이다. 각각의 몸은 상대방에게 속한다고. 이것이 바로 섹스의 바람직한 특성이다.

이 상호성 안에서도 바울은 상대방에게 초점을 맞춘다. 성적으로 상대방을 섬기는 것을 거론하고 있다. 각 배우자에게 상대방으로부터 자기 권리를 **취하라**고 쓰지 않고 오히려 상대방에게 그의 권리를 **주라**고 쓴다. 초점은 상대방을 섬기고 기쁘게 하는 데 있다. 바울이 다른 곳에서 일단의 목회자들에게 말할 때는 "주 예수께서 친히 말씀하신 바 '주는 것이 받는 것보다 복이 있다' 하심을 기억하여야 할지니라"라고 권면한다(사도행전 20:35). 이는 분명히 교회 사역에 적용되는 만큼 결혼 침상에도 적용된다. 남편과 아내는 그들 자신에 아니라 상대방의 성적 만족에 초점을 맞춰야 마땅하다. 섹스는 거래용 상품이 아니라 상대방에게 헌신하는 수단이다.

그러므로 성에 대한 기독교적 관점은 이렇게 요약될 수 있다. 결혼 관계를 맺은 각 배우자는 즐거움을 얻는 것보다 **주는 것**에 더 관심이 있어야 한다. 요컨대, 당신이 경험할 최대의 성적 즐거움은 당신의 배우자가 즐거움을 얻는 모습을 즐거워하는 것이다.

바울은 긍정문으로 자기 취지를 말한 후 이제는 부정문으로 표현한다.

서로 분방하지 말라. 다만 기도할 틈을 얻기 위하여 합의상 얼마 동안은 하되 다시 합하라. 이는 너희가 절제 못함으로 말미암아 사탄이 너희를 시험하지 못하게 하려 함이라. (고린도전서 7:5)

당신의 배우자에게 "결혼의 의무"를 다하는 것은 너무도 중요해서 바울은 상대방의 요구를 거절하는 것을 금하고,

단지 서로 합의해서 기도하는 동안 한시적으로 그렇게 하는 것만 그는 상상할 수 있다. 여기서 벗어나면 커플은 영적 위험에 빠지게 된다. 바울에 따르면, 이 문맥에서 섹스를 반대하는 유일한 존재는 사탄임을 유의하라!

섹스는 자아 전체를 주는 수단이다

이 한 몸 합일은 또한 섹스 이상의 것을 포함하고 있는 것이 명백하다. 이 "한 몸"이란 문구는 두 몸에 일어나는 일만이 아니라 각 사람의 총체적인 자아에 일어나는 것임을 가리킨다. 섹스에서는 우리의 몸이 서로의 몸에 개입할 뿐만 아니라 우리의 인간성 전체가 개입하게 된다. 예수님이 친히 창세기 2장을 인용하는 다음 본문에서 이를 암시하신다.

예수께서 대답하여 이르시되 "사람을 지으신 이가 본래 그들을 남자와 여자로 지으시고 말씀하시기를 '그러므로 사람이 그 부모를 떠나서 아내에게 합하여 그 둘이 한 몸이 될지니라' 하신 것을 읽지 못하였느냐? 그런즉 이제 둘이 아니요 한 몸이니

그러므로 하나님이 짝지어 주신 것을 사람이 나누지 못할지니라" 하시니. (마태복음 19:4~6)

예수님은 이 합일을 **하나님**이 만드신 것으로 말씀하신다. 어느 의미에서는 그분이 두 사람을 함께 묶으신 것이다. 그들이 나뉘면 안 된다는 말씀은 부부가 성관계 후 어느 정도의 합일이 남는다는 것을 보여준다. 그들이 더 신체적 결합을 하지 않을지 몰라도 더 깊은 수준에서는 여전히 연합되어 있는 것이다.

이는 대단히 중요하다. 성적 합일은 더 넓고 더 깊은 형태의 합일의 표현인 동시에 그런 합일을 위한 매개물이다. 섹스는 두 사람이 신체적으로, 감정적으로 또 심리적으로 하나가 되는 수단이다. 우리 문화는 종종 우리가 누군가에게 우리의 자아 전체를 주지 않은 채 신체적인 몸만 줄 수 있다고 주장하지만, 크리스천은 그렇지 않다고 말한다.

사도 바울이 그 이유를 잘 보여준다.

음행을 피하라. 사람이 범하는 죄마다 몸 밖에 있거니와 음행하는 자는 자기 몸에 죄를 범하느니라. (고린도전서 6:18)

바울이 섹스에 관해 말하는 내용을 주목하라. 우리가 성적으로 행하는 일은 다른 것들과는 달리 온몸에 영향을 미친다. 우리가 알든 모르든, 의도했든 안 했든, 섹스는 우리의 성기보다 우리 존재의 더 많은 것을 개입시킨다고 바울이 말하고 있다. 전인(全人)을 개입시킨다.

이것은 섹스에 관한 긍정적 진실이다. 하지만 이 점은 불행하게도 부정적인 것에서 가장 뚜렷하게 보인다. 누군가 성적으로 피해를 보면, 이는 몸의 두어 군데가 침범을 당하는 것 이상이다. 분명한 것이 하나 있는데, 바로 전인이 영향을 받는다는 점이다. 신체적인 손상에 그치지 않고 감정적이고 심리적인 손상도 받는다. 이런 상처는 평생 지속할 수 있고 수많은 방식으로 드러난다. 섹스는 단지 신체에 국한된 것이 아니다. 누군가 성폭행이나 성적 배신을 당할 때는 그들의 몸만 공격을 받는 것이 아니다. 한 인간 전체가 침해를 받게 된다.

이것이 좋은 것의 뒷면이다. 섹스는 본래 신체적인 방출 이상의 것이다. 무언가를 의미하게끔 설계된 것이다. 섹스가 전인을 내포한다는 점은 두 명의 전인이 서로에게 개입하게 되어 있음을 가리킨다. 훅업 문화는 이를 부인하면서 성적 차원은 우리의 다른 측면들과 무관하게 표현되고 또 만족할 수 있다고 주장한다. 이는 사실상 상대방은 우리의 전인을 다 내어줄 만한 가치가 없다고 말하는 셈이다.

당신의 몸이 약속하다

2001년 영화 「바닐라 스카이」에서 톰 크루즈의 역은 캐머런 디아즈가 연기한 여자와 하룻밤을 보내는 것이었다. 나중에 그녀는 이에 대해 그에게 도전한다. 한 번은 이렇게 말한다. "당신이 누군가와 잘 때는 당신의 몸이 당신이 행할지 말지에 대해 약속을 한다는 것을 모르는가?" 달리 말하면, 몸에 일어나는 일은 더 깊은 차원에서 일어나는 일의 징후가 된다는 것이다. 따라서 이런 더 깊은 합일을 생각하지 않은 채 성적 친밀함의 신체적 부분에 개입하는 것은 일종의 기만이라고 말해도 무방하다.

C. S. 루이스는 『나니아 연대기』의 저자이자 유명한 기독교 사상가요 작가였다. 대표작으로 꼽히는 『순전한 기독교』에서 그는 더 깊은 합일의 맥락에서 벗어난 섹스는 "한 종류의 합일(성적인)을 그것과 나란히 총체적 합일을 이뤄야

할 다른 모든 종류의 합일로부터 떼어 놓으려는" 시도라고 말한다. 팀 켈러는 이렇게 덧붙인다.

모든 성행위는 연합하는 행위가 되도록 설계되었다. 바울은, 당신이 당신의 삶 전체를 의탁하지 않을 누군가에게 당신의 몸을 주는 것은 근본적인 불협화음이라고 주장한다.

그는 이렇게 잇는다.

만일 섹스가 "삶 전체를 의탁하고" 자기를 주도록 하나님이 발명하신 방법이라면, 섹스가 심지어 잘못 사용될 때에도 우리로 상대방에게 깊이 연결되었다고 느끼게 만드는 것은 놀랄 일이 아니다. 당신이 일부러 자신을 불구로 만들거나 훈련으로 본래의 충동을 마비시키지 않는다면, 섹스는 당신을 문자 그대로 다른 인간과 신체적으로 결합하는 만큼 개인적으로 그 사람과 얽혀있고 결합해 있다고 느끼게 한다.

섹스가 근본적으로 누군가에게 우리의 자아 전체를 주는 것이라면, 우리 자신을 줄 의도가 없이 누군가와 섹스를 하는 것은 실제로 탈취하는 행위이다. 그것은 도둑질이다.

한 장면, 두 시나리오

두 개의 (불완전한) 비유가 도움이 되겠다.

당신이 은행 로비를 지나고 있다고 상상하라. 누군가 창구에 서 있고 직원이 큰 지폐 뭉치를 건네고 있다. 두 가지 가능성이 있다. 그 사람이 은행 고객이라 정당한 출금을 하는 중이고 직원이 그냥 그 돈을 넘겨주고 있을 수 있다. 또는 거기에 서 있는 사람이 권총을 갖고 직원에게 돈을 넘기라고 요구하며 은행을 터는 중일 수 있다. 두 경우 모두 똑같은 신체 행동이 일어나고 있지만(돈을 넘겨주는 것), 전혀 다른 두 가지 내러티브의 맥락이고, 그 행위의 도덕적 질을 결정하는 것은 바로 이런 맥락이다.

이런 경우도 생각해보라. 누군가가 다른 누군가에게 순전히 이기적인 이유로 선물을 준다. 한 친구가 최근에 배우자에게 어떤 요리 기구를 선물했는데, 그 이유는 그 기구로 자기가 좋아하는 요리를 만들어주길 원하기 때문이라고 나에게 시인했다. 첫눈에는 매우 관대한 행동 — 누군가에게 선물을 주는 것 — 처럼 보이지만 궁극적으로는 이기적인 행동이다.

이 두 가지 비유는 혼외정사와 혼인 관계 내의 섹스 간의 차이점을 어느 정도 반영해준다. 행동은 두 경우에 똑같은 듯이 보이지만 그 내러티브는 그 행동이 도덕적으로 정당한지를 밝혀준다. 전자는 누군가에게 "나는 네게 내 사랑을 주고 있어"라는 선물을 주는 것으로 정당화될 수 있을지라도, 만일 자신을 온전히 내어주지 않는다면, 그것은 궁극적으로 상대방이 아닌 본인을 위한 것을 주는 셈이다.

성경은 성적 친밀함이 결혼의 언약 내에서만 적절하다고 거듭 가르친다. 결혼은 우리 자신을 다른 누군가에게 완전히 또 배타적으로 주기로 약속하는 수단이며, 섹스로 표현되는 상대방에 대한 전인적 헌신을 서약하는 행위이다.

이는 여러 성경 본문에 반영되어 있다. 예수님은 성적 부도덕이 우리의 마음이 바람직하지 않은 상태라는 증거의 하나라고 가르치신다.

마음에서 나오는 것은 악한 생각과 살인과 간음과 음란과 도둑질과 거짓 증언과 비방이니 이런 것들이 사람을 더럽게 하

는 것이요. (마태복음 15:19~20)

여기에 나오는 "음란(성적 부도덕)"은 그리스어 단어 "포르네이아"(*porneia*)로서 결혼 언약 바깥의 모든 성행위를 가리키는 포괄적인 용어이다. 이는 혼전 성교, 간음(이 목록에서는 따로 언급되어 있다), 매춘, 그리고 동성 간의 성행위까지 포함한다.

혼전 성교와 결혼 관계 내에서의 섹스는 본질은 똑같고 유일한 차이점은 타이밍일 뿐이라고 생각하기 쉽다. 즉, 결혼 서약 이전의 섹스와 결혼 서약 이후의 섹스는 차이가 없다고 보는 것이다. 그러나 그렇지 않다. 이런 서약 밖의 섹스는 서약을 표현하고 강화하는 섹스와 다른 행위이다. 후자는 평생 헌신의 맥락을 세우는 것이고, 전자는 일종의 탈취이다.

성경에 따르면, 섹스는 우리가 흔히 생각하는 것보다 더고귀하다. 우리가 만족을 경험할 수 있게 해주는 수단이기 때문이 아니다. 물론 당연히 그럴 수 있지만(아가서를 읽어보라) 그것이 유일한 목표가 아니다. 그 목적은 우리가 **얻을** 수 있는 것이 아니라 우리가 **줄** 수 있는 것에 있다. 이제 앞서 인용한 팀 켈러의 글로 마무리하자.

섹스는 두 사람이 서로에게 "나는 완전히, 영구적으로, 오로지
당신에게만 속해 있다"라고 말하는, 하나님이 지정하신 방법
이다. 우리는 다른 어떤 것을 말하기 위해 섹스를 이용하면 안
된다.

하나님이 우리가 누구랑 자는지에 관심이 있으신 것은
그분이 설계한 섹스의 목적 때문이다. 섹스는 지극히 강력
한 힘이다. 본래 그렇게 창조되었다. 이는 물론 온갖 중요
한 질문을 제기한다. 이런 입장이 너무도 반(反)문화적인데
과연 옳을 수 있는가? 이런 입장이 어떻게 우리에게 도움
이 되는가? 이에 대해 다음 장에서 다루어보자.

이것이 당시에는 왜 그토록
논란거리가 되었는가?

5장

이를 해결하는 앱이 있다.

나는 최근에 여러 음식점에 음식 배달을 주문하는 앱을 다운로드했다. 당시는 집을 떠나 어느 새로운 도시에 머물면서 온종일 가르치는 중이었고 너무 피곤하고 굶주리고 정서적으로 고갈되어 있었다. 요리할 도구가 없었고 호텔에도 식당이 없었으며, 어딘가에 가서 사람들과 교류할 만한 힘도 없었다. 그래서 그 앱을 다운로드한 것이다.

그 앱은 음식을 배달하는 다양한 음식점 목록을 담고 있

었고 손가락을 몇 번만 터치하면 파스타와 미트볼을 금방 맛볼 수 있었다. 음식을 확보하기에 값싼 방법은 아니었으나 ― 가격이 훨씬 비싸다. ― 가장 손쉬운 방법이긴 했다.

이는 우리가 섹스에 대해 생각하는 방식과 너무나 흡사하다. 우리는 때때로 피곤하고 고갈되고 성적 만족에 대한 심한 굶주림을 느낄 수 있다. 우리는 낯선 지역에 있어서 아마 평소에 그런 굶주림을 만족시키는 방법이 없을 것이다. 그래서 앱으로 시선을 돌린다. 거기에는 가능한 대안들이 제시되어 있다. 손가락을 두어 번 두드리기만 하면 몇 분 내에 누군가와 시간을 보낼 수 있다. 놀랄 만큼 손쉬운 방법이다.

흔히들 섹스를 하나의 상품으로, 거래의 문제로, 우리의 배고픔을 만족시키는 음식을 먹듯이 신체적 욕구를 만족시키는 수단으로 생각한다.

음식과 섹스 사이에 유사점을 찾는 일은 고린도의 크리스천들에게 친숙했다. 그들의 표어 중 하나는 "음식은 배를 위하여 있고 배는 음식을 위하여 있다"(고린도전서 6:13 참고)는 것이었다. 이는 성적인 허용을 정당화하는 데 이용되었다. 당신이 굶주릴 때 음식을 먹듯이 성적인 흥분을 느낄 때 섹스를 하는 것이라고 그들은 생각했다. 생물학적 현상이란 것이다. 그게 무슨 문제인가? 우리는 음식에 대해 이런 법석을 떨지 않는다. 그런데 왜 섹스에 대해 법석을 떨어야 하는가?

이런 질문에 성경이 어떻게 대답하는지를 우리가 살펴보기 시작했다. 섹스는 단지 생물학적 사안이 아니다. 신체적 행동에 그치는 게 아니다. 우리의 존재 전체를 개입시키는 것이다.

그리고 우리가 앞장에서 살펴보았듯이 이는 중요한 질문들을 제기한다. 기독교 윤리가 그토록 반(反)문화적이라면 어떻게 옳을 수 있을까? 그 윤리는 우리에게 더 직관적인 것으로 다가와야 마땅하다. 그런데 오히려 오늘날 많은 사람의 사고방식에 거슬리는 것처럼 보인다. 그래도 이 윤리가 좋은 것일 수 있을까? 우리를 속박하는 것처럼 느껴진다. 물론 사람들이 먹을 수 있는 음식의 종류를 입법화하는 일이 해로운 것처럼, 누군가에게서 자기가 원하는 그런 섹스를 빼앗는 일은 실제로 해롭다.

이 문제에 관해 생각하려면 섹스에 관한 기독교적 사고방식이 맨 처음 가르쳐진 당시의 문화에서 얼마나 반문화적이었는지를 살펴봐야 한다. 성의 문제에 관한 고린도교인들의 사고방식은 비(非)전형적인 것이 아니었다. 로마 세계의 성적 규범은 고린도의 그것과 대동소이했다. 그들의 규범은 오늘날의 규범과 매우 달랐다. 그리고 그 규범은 기독교 신앙의 규범과는 더욱 달랐다.

로마 세계와 반(反)문화적인 규범

신약학자 F. F. 브루스는 이렇게 요약한다.

기독교는 처음부터 (유대교처럼) 결혼 관계 내의 성적 합일을 신성하게 했고 결혼 밖의 그것을 금지했다. 이는 복음이 처음 전해진 이방 사회에서는 이상한 생각이었다. 거기서는 다양한 형태의 혼외 성교가 묵인되었고 일부는 부추겨지기도 했다. 남자는 지적인 동반자도 되어줄 정부(情婦)를 둬도 무방했다. 노예제는 남자가 첩을 두기 쉽게 해주었고, 가벼운 만족은 매춘부에게서 얻을 수 있었다. 아내의 역할은 집안 살림을 영위하고 합법적인 자녀와 상속자의 엄마가 되는 것이었다. [이를] 만류할 만한 여론은 존재하지 않았고, 다만 그런 행위에 지나치게

빠진 사람은 악명 높은 탐식가나 술꾼과 같은 수준으로 풍자되는 정도에 그쳤다.[22]

이것이 로마 세계에서 남자가 처한 상황이었다. **남자**는 정부, 첩, 그리고/또는 매춘부에 접근할 수 있었다. 여자는 그럴 수 없었다. 여자들은 남자보다 훨씬 더 적은 성적 자유를 누렸다.

역사학자 카일 하퍼는 이에 관해 상술했는데,『수치에서 죄로』(From Shame to Sin)[23]를 통해 고대 로마 세계에서는 성적 윤리와 관습이 사회적 신분과 밀접하게 연계되어 있었음을 증명한다. 간음은 수치스러운 짓으로 금지되었다. 기혼여성에 대한 침해이기 때문이 아니라 그녀를 소유한 남성에 대한 침해로 간주되었기 때문이다. 그것은 도둑질이었다.[24] 그 대신 노예와의 섹스가 허용되었고, 노예가 없으면 매춘부가 "남성 성욕을 위한 안전밸브"였다.[25] 노예제와 창녀촌

---

22. F. F. Bruce, *1 and 2 Thessalonians* Word Biblical Commentary (Word, 1982), p 82.

23. Kyle Harper, *From Shame to Sin* (Harvard University Press, 2013).

24. *From Shame to Sin*, p 56.

25. *From Shame to Sin*, p 46-47.

은 간음을 통제함으로써 폭넓은 성적 예의범절을 유지하는 데 필요한 불가결한 방책으로 간주되었다.

이 모든 경우에 여성은 매우 불리한 상황에 처해 있었다. 제대로 결혼한 여자들은 로마 사회의 보호를 받았다. 그러나 매춘부는 수치스러운 여자로 간주되었다. 그들의 몸은 그런 보호를 받지 못했고 남자의 성적 만족을 위해 가용한 것으로 여겨졌다. 섹스에 관한 한 여자들은 하나의 상품이었다. 그들이 훌륭한 존재로 간주되었다면 그들은 귀중한 상품일 뿐 상품의 범주에서 벗어날 수 없었다. 만일 부끄러운 존재라면 그것을 찾는 이들을 위한 싸구려 상품에 불과했다. 그들의 성은 여성으로서의 인격이 아니라 그들의 사회적 위치에 기반을 두었다. 노예와 가난한 여자는 종종 착취의 대상이었다.[26]

남자 노예들도 낮은 사회적 지위 때문에 그만큼 쉽게 학대받을 수 있었고 실제로 자주 학대를 받았다. 섹스에 적합한지 여부를 판단하는데 나이는 상관이 없었다. 소년과 소녀 또한 노예나 매춘부라면 성적 착취의 대상이 되었다.

---

26. *From Shame to Sin*, p. 18

이런 배경을 감안하면 기독교 신앙이 도입한 성 윤리는 전례가 없는 것이었다. 그래서 하퍼는 이를 "최초의 성 혁명"[27]이라고 부르기까지 했다. 신약의 가르침은 여러 면에서 매우 반(反)문화적이었다.

1. 남성에게 가한 제약

첫째, 성경은 여성만이 아니라 남성에 대해서도 성적 경계와 통제를 둘 것을 주장한다. 오늘날 **누구에게** 성적 제약을 가하든지 현대인들이 충격을 받곤 하는데, 1세기에는 **남성**에게, 심지어 높은 지위의 자유인(남성)에게 그런 제약을 가하면 동시대인들이 충격을 받았을 것이다. 성 윤리 체계는 남자들이 용인된 방법으로 자기 성욕을 만족시킬 자유가 있다는 관념을 중심으로 세워져 있었다.

이와 대조적으로, 바울은 남자들에게 "곧 음란을 버리고 각각 거룩함과 존귀함으로 자기의 아내[몸을] 대할 줄을 알라"(데살로니가전서 4:3~4)고 가르친다. 이는 크리스천 일반에게 준 말이지만 여성 못지않게 남성에게 기대한 사항

27. Kyle Harper, "The First Sexual Revolution: How Christianity Transformed the Ancient World," *First Things*, January 2018.

이다. 그들도 자기 몸을 통제하고 모든 종류의 성적인 죄에 저항할 의무가 있었다.

신약성경에서 "성적 부도덕(음란)"은 로마의 성행위 규율을 위반하는 것보다 훨씬 많은 것을 포함했다. 구약의 일관된 가르침과 나란히 신약은 결혼 언약 밖의 모든 섹스를 금지한다. 그런즉 크리스천 남성은, 남성과 여성을 막론하고 매춘부나 노예와 동침하면 안 되었고 다른 자유인의 아내와도 동침하는 것이 허용되지 않았다. 기독교의 성 윤리는 로마 사회에서의 개인적 신분과 사회적 가치에 좌우되지 않았고 하나님의 형상을 지닌 남자와 여자의 독특하고 상호보완적인 존엄성에 의해 결정되었다.

크리스천 남자들은 세속적인 남자들과 반대로 오로지 그들의 아내들에게 충실해야만 했다. 많은 전형적인 로마 남자들에게 이는 도무지 생각할 수 없는 것이었고 굴욕적이기까지 했을 것이다. 그들의 사회적 지위가 높다는 것은 특정한 성적 자유가 있음을 의미했다. 그러나 기독교 신앙에 따르면, 당신의 사회적 지위는 예수의 복음에 따라오는 성 윤리를 지킬 의무와 아무 관계가 없었다.

2. 상호성

둘째, 기독교 신앙은 결혼 내 섹스를 이해하는 면에서 급진적 상호성을 가져왔다. 우리가 살펴보았듯이, 로마 세계에는 남자와 여자의 성적 자유와 권리 사이에 큰 불균형이 있었다. 남자는 권력이 있었다. 여자는 행운을 안고 태어나면 사회적 지위의 보호막이 있었다. 그렇지 않으면 그들보다 더 부유하고 힘 있는 남자들에 좌우되곤 했다. 결혼 관계 내에서도 아내의 역할은 일차적으로 합법적인 상속자들을 제공하는 것이었다. 남편은 다른 곳에서 더 깊은 성적 만족을 얻을 수 있었다.

사도 바울의 다음 글을 생각해보라. 그러면 그의 가르침이 얼마나 혁명적으로 들렸을지 우리가 알 수 있다.

음행을 피하기 위하여 남자마다 자기 아내를 두고 여자마다 자기 남편을 두라. 남편은 그 아내에 대한 의무를 다하고 아내도 그 남편에게 그렇게 할지라. 아내는 자기 몸을 주장하지 못하고 오직 그 남편이 하며 남편도 그와 같이 자기 몸을 주장하지 못하고 오직 그 아내가 하나니. (고린도전서 7:2~4)

우리가 이 본문을 지난 장의 끝부분에서 잠깐 살펴보았다. 이 글이 처음 쓰였던 당시에 얼마나 파격적이었을지는 도무지 과장하기가 어렵다.

첫 부분은 매우 친숙한 내용이었을 것이다. 각 여자는 자기 남편과 섹스를 하고, 부부관계의 의무를 다하고, 자기 몸을 다스릴 권리를 갖지 말고 그것을 남편에게 주라는 것이다. 이는 당연했고 정상적인 사고방식이었다.

그러나 바울이 취한 전례 없는 발걸음은 이를 완전히 **상호적인** 의무로 만드는 것이다. 아내가 신체적으로 남편에게 속해 있는 만큼 남편도 신체적으로 아내에게 속해 있다. 아내가 남편에게 부부관계의 의무를 다해야 하는 만큼 남편도 아내에게 부부관계의 의무를 다해야 한다. 달리 말하면, 아내만 남편에게 책임이 있는 것이 아니라 남편도 아내에게 똑같은 책임이 있다는 뜻이다. 양쪽은 평등하다. 한쪽은 다른 쪽의 섬김을 받아야 마땅하다. 이는 과거에 들은 적이 없는 가르침이었다.

그런데 이것이 로마 세계에는 새로운 생각이었을지 몰라도 성경에서는 새로운 생각은 아니었다. 구약에 나오는 사랑의 시, 아가서는 그 후렴에 이런 상호성을 내포하고 있다. "내 사랑하는 자는 내게 속하였고 나는 그에게 속하였도다"(아가서 2:16). "나는 내 사랑하는 자에게 속하였고 내 사랑하는 자는 내게 속하였으며"(6:3). 성적 친밀함에 대한 성경적 관점은 항상 이 상호관계의 개념을 포함해왔다. 그 목표는 단지 힘이 더 센 파트너의 만족이 아니었다.

3. 동의

이 상호성은 성에 대한 기독교적 관점의 세 번째 특징인 동의의 기반이다. 동의는 아마 서양 사회가 계속 견지하는 가장 중요한 성 윤리일 것이다. 바울은 두 사람의 상호 동의 하에만 성관계를 삼가는 것을 지지하고, 이는 성관계에도 적용된다. 바울은 커플 양쪽 모두 하퍼(Harper)가 "완전한 성적 기능"이라 부르는 것을 갖고 있다고 이해했다. 신학자 베스 펠크너 존스는 이 점이 의미심장하다고 강조한다.

섹스를 상품으로 보는 것이 로마 제국의 기둥이었다는 사실을 이미 살펴보았다. 기독교의 성 윤리는 그 세계에 대한 책망으로 발달했다. 크리스천들은, 그리스도께서 우리에게 성적 거룩함을 선택하도록 허용하는 그런 자유를 주셨다고 주장했다. 합의에 의한 섹스는 진정 기독교가 첫 발걸음을 내디딘 그 세계에서 희귀한 것이었다. 기독교가 합의에 의한 섹스를 창안했다고 말해도 무방하다.[28]

그리고 섹스에 대한 동의는 물론 결혼 여부에 대해서도 합의가 필요했다. 결혼에 대한 선택은 물론 서양 사회에서 하나의 기정사실이다. 그 이유는 우리 문화가 기독교 신앙의 영향을 크게 받았기 때문이다. 바울은 고린도교인에게 쓴 편지에서 여자는 결혼할지 또는 싱글로 남을지 선택할 수 있다고 한다(고린도전서 7:6~9). 바울은 싱글로 사는 것이 약간의 이점이 있어서 권하고 있지만(35절), 신자에게 싱글로 머물지 또는 결혼할지 여부를 정할 자유가 있다고 인정한다. 둘 다 하나님이 주시는 은사이다(7절). 존스의 글을 다시 인용한다.

로마 여자들은 결혼하지 않을 자유가 없었다. 크리스천 여자들은 독신을 선택할 수 ─ 심지어 고집할 수 ─ 있었다. 크리스천

---

28. Beth Felkner Jones, *Faithful* (Zondervan, 2015), p 80.

들에게 여자는 재산이나 아기 제조기가 아니다.… 남자는 정욕 기계나 권력 투쟁가가 아니다.[29]

존스는 섹스에 관한 로마의 개념과 기독교의 개념 간의 차이점을 이렇게 요약한다.

로마에서는 일부 사람(예컨대, 잠재적인 아내들)이 보호와 존귀를 받았으나 일부는 그렇지 못했다. 왕국[하나님의 왕국]에서는 모든 사람의 몸이 존귀하게 여겨졌다. 로마에서는 몸이 권력이나 쾌락이나 국가나 시장을 위한 것이었다. 왕국에서는 우리 모두 순결하도록 부름을 받았고, 우리의 몸은 [성적인 죄]를 위한 것이 아니라 주님을 위한 것이다. 로마에서는 당신이 성적으로 부끄럽다면 되돌릴 방법이 없었다. 하나님의 왕국에서는 용서와 치유와 은혜와 자유가 있다.[30]

기독교 성 윤리는 이제껏 모든 문화에서 반(反)문화적이었다. 이 점을 이해하는 것이 중요하다. 흔히 기독교 성 윤

---

29. *Faithful*, p 97.
30. *Faithful*, p 72.

리는 구식이라고 생각한다. 그런데 이런 생각은 이전에는 성경의 가르침이 우리의 감수성과 딱 들어맞은 적이 있었다는 전제를 깔고 있다. 그러나 그런 적은 전혀 없었다.

물론 특정한 문화들이 기독교의 영향을 크게 받은 적은 있었다. 그러나 성경의 가르침은 항상 어느 문화를 막론하고 성과 결혼에 대한 그 문화의 견해의 주요 측면을 비판했다. 비록 그 문화의 다른 측면은 긍정했을지라도 그랬다. 우리는 성경의 가르침을 보고 "아니, 지금은 21세기잖아!"라고 외칠지 모른다. 그러나 이는 로마 제국에 속한 누군가가 바울의 데살로니가 편지를 처음 읽으면서 "아니, 지금은 1세기야!"라고 소리치는 것과 그리 다르지 않다. 그 이유는 시대와 문화에 따라 다르겠지만, 이 쟁점에 대한 기독교의 가르침은 유행했던 적이 한 번도 없었다.

이것이 오늘날 왜 그토록
논란거리가 되는가?

6장

성에 대한 기독교적 관점은 그 관점이 처음 소개된 로마 세계에서 매우 혁명적이었다는 사실을 보게 된다. 그런데 이는 오늘날에도 똑같다. 우리는 로마가 아니고 로마의 많은 행습을 뒤돌아보면 당혹감과 혐오감까지 느끼게 된다. 하지만 기독교 성 윤리는 우리 시대에도 우리에게 도전하는 바가 많다. 우리가 이제 성경의 가르침이 로마 제국에 유익했다는 것을 볼 수 있듯이, 이제는 그 가르침이 어떻게 우리 문화에 속한 우리들에게도 유익할 수 있는지 생각하기 시작할 수 있을 것이다.

우리는 정욕에 대해 가볍게 생각하곤 한다. 또 다른 사람에 대해 성적 욕망을 품는 것은 오늘날 염려거리가 아닌 듯하다(그 사람이 어린이가 아니라면). 우리가 속마음에 품는 생각은 우리의 소관이다. 그것은 다른 누구에게도 영향을 주지 않고 우리에게도 영향을 미치지 않는다고 본다. 오히려 인간 성(性)의 건강한 일부라고 생각한다.

예수님은 이런 사고방식에 반대하신다는 것을 우리가 이미 살펴보았다.

또 "간음하지 말라" 하였다는 것을 너희가 들었으나 나는 너희에게 이르노니 음욕을 품고 여자를 보는 자마다 마음에 이미 간음하였느니라. (마태복음 5:27~28)

예수님은 음탕하게 보고 생각하는 것조차 옳지 않다고 말씀하신다. 그것은 우리에게 좋지 않고 상대방에게도 좋지 않다. 우리는 완전히 무해하다고 생각할지 모르지만, 예수님은 그렇지 않다.

그러면 이는 왜 그리 심각한 문제인가?

예수님에 따르면, 이 경우에는 우리의 생각보다 더 많은 일이 일어나고 있다. 우리가 음욕을 품을 때는 매우 의미심장한 일이 진행되고 있다. 우리는 주변 세계를 바라보는 방식을 형성하고 있는 것이다. 십계명 중 하나가 그 경위를 보여준다.

네 이웃의 집을 탐내지 말라. 네 이웃의 아내나 그의 남종이나 그의 여종이나 그의 소나 그의 나귀나 무릇 네 이웃의 소유를 탐내지 말라. (출애굽기 20:17)

이는 마지막 계명이며 다른 누군가에게 속한 것을 원하는 탐욕을 금한다. 오늘날의 많은 독자를 놀라게 하는 첫 번째 사항은 이 계명을 설명하는 이상한 방식이다. 소나 나귀를 탐내는 일은 오늘날에는 해당하지 않는다고 생각할지 몰라도 당시에는 여행과 노동에 필요한 중요한 짐승이었다. 그것은 우리가 옆집에 주차된 차를 탐내는 것이나 이웃의 최첨단 가전 도구를 갖고 싶은 것과 비슷하다. 본문은 또한 가사를 담당하는 종도 언급한다. 오늘날에는 가정부나 개인 트레이너를 고용할 능력이 있는 사람을 부러워하는 것에 해당할 것이다.

　그런데 이 계명은 누군가의 **아내**를 탐내는 것에 대해서도 말한다. 소유물이나 물건이나 피고용인이 아니라 누군가의 배우자를 탐내는 것이다. 달리 말하면, 여기서 쟁점은 **탐욕**이고, 탐욕은 물건에 적용되는 만큼 사람들에게도 적용된다. 그리고 우리가 친구의 신형 렉서스나 아이폰에 손을 대고 싶은 그 탐욕은 또한 친구의 파트너에게 손을 대고 싶은 마음도 불러일으킬 수 있다. 누군가의 배우자를 탐내는 것은 그 사람을 **소유하고** 싶은 것이다. 이는 상대방을 한 인격이 아니라 **소유할** 무언가로 취급하는 셈이다.

　이것이 예수님이 파악하고 있는 바다. 누군가를 음욕을 품고 바라보는 것은 누군가를 순전히 당신을 만족시키는 도구로 바라보는 것이다. 즉, 당신이 품은 욕망을 충족시키는 도구이다. 이는 상대방을 존중할 인격이 아니라 소비할 상품으로 바꾸는 것이다. 따라서 그들의 성은 우리를 만족시키는 그 무엇이 되고 만다.

당신은 그녀가 목욕하는 모습을 옥상에서 보았다.

우리는 이미 다윗 왕이 밧세바와 동침한 것과 그 처참한 결과에 대해 조금 생각해보았다. 그것은 성적인 죄가 무엇으로 귀결될 수 있는지를 보여주는 심각한 실례이다. 하지만 동시에 정욕에 대한 예수님의 가르침에 관한 중요한 주석이기도 하다. 이 끔찍한 사건들이 실제로 어떻게 전개되는지 살펴보자.

다윗은 왕궁의 옥상을 거닐다가 아름다운 여인이 목욕하는 모습을 보았다. 일단 그녀가 누군지를 파악한 후 데려와서 그녀와 동침한다. 이는 종종 야비한 정사로 묘사되곤 하는데, 밧세바가 바로 그 순간 다윗의 전쟁에 나가 싸우고 있는 그의 군대의 일원과 결혼한 여자였음을 생각하면 당연히 그럴 수 있다. 그러나 그보다 훨씬 더 나쁜 사건이다.

다윗은 왕이고 그녀는 신하이다. 여기에 엄청난 권력 격차가 있고, 본문에는 그녀가 동의했다는 암시가 전혀 없다. 단지 이렇게 기록되어 있다. "다윗이 전령을 보내어 그 여자를 자기에게로 데려오게 하고… 더불어 동침하매"(사무엘하 11:4). 왕의 관리들이 그녀의 집에 도착해서 그녀를 왕에게 데려간 후 왕이 그녀와 동침한다.

이후 사태는 다윗의 통제에서 벗어나기 시작한다. 밧세바가 임신했다. 다윗은 그녀의 남편을 집으로 돌아오게 해서 그녀와 동침시켜 그 아이를 그들의 자녀로 떠넘기려고 시도했다가 실패로 끝나자 이번에는 그녀의 남편이 전투에서 죽도록 계획을 짜고 결국 밧세바와 그 아이를 왕궁에 데려온다. 밧세바는 성적 순결과 남편, 그리고 이전에 누리던 삶을 모두 잃어버린다. 다윗이 그 모든 것을 빼앗은 것이다.

이와 같은 에피소드들은 문화와 역사가 아무리 달라도 성경은 우리와 똑같은 세상을 다루고 있음을 상기시켜준다. 등장인물들도 똑같이 복잡하고 흠이 많다. 우리가 오늘날 주변에서 보게 되는 깨어진 모습과 사악한 모습이 나타나는 현상도 똑같다.

음욕의 시선

여기서 이 슬픈 이야기의 모든 것이 음욕의 시선과 함께 시작되었다는 사실을 주목하라. 그것이 필요한 전부이다.

다윗은 옥상에서 한가하게 거닐고 있었다. 그는 밧세바가 목욕하는 모습을 보았다. 어떻게 시작되었든지 간에 그는 그 모습을 계속 바라봤다. 그가 바라보고 있었던 대상은 한 인격, 한 여인, 한 아내였다. 그는 자신의 눈으로 그녀를 취할 소유물로 만들었다. 그녀는 분명히 아름다웠지만, 그 아름다움은 다윗으로 그녀를 탐내게 했다. 그런데 다윗은 자기에게 그 아름다움에 대한 권리가 있다고 느꼈다. 다윗은 그녀가 매력적이라고 생각했기 때문에 이제는 그녀의 외모를 이용해 스스로 만족을 얻는 것이 그에게는 공평한 게임이 된 것이다. 그녀는 이제 한 인격이 아니라 한 상품이었다. 그는 그녀를 비인간화시키고 있었다. 그녀의 몸은 그녀의 고유한 자산이 아니라 그의 놀이터였다. 그리고 그는 왕이었기 때문에 그녀에게 그런 행동을 할 권력이 있었고 결국 일련의 사건을 거쳐 그녀를 과부와 임신부로 만들고 선택하지 않은 새 결혼으로 몰고 갔다.

그러나 만일 그 사건이 먼저 그의 태도 속에서 일어나지 않았더라면 결코 실제로 발생하지 않았을 것이다. 그는 침실에서 신체적으로 간음을 저지르기 전에 그의 마음속에서 그녀와 간음을 저질렀다. 밧세바, 그녀의 남편, 그리고 그녀가 알았던 삶은 모두 그의 정욕에 희생되고 말았다.

이것이 바로 정욕이 행하는 일이다. 정욕은 우리로 타인을 얕잡아 보게 만들고 그 과정에서 우리를 비인간화시킨다. 우리는 다른 이들 속에서 인간성을 점점 더 적게 보는 자들이 되어버린다. 그래서 우리 정욕의 대상이 그 점을 인식하고 있어도 아무런 상관이 없다. 밧세바에 대한 다윗의 정욕은 설사 그가 그것을 행동으로 옮길 수 없었다 할지라도 그에게 파괴적인 영향을 미쳤을 것이다. 그런 정욕은 다른 사람을 해롭게 하기 전에 우리를 해롭게 한다.

포르노가 이를 보여주는 비극적인 예이다. 온라인 포르노의 소비와 인신매매 사이에 직접적인 연관성이 있다는 것은 잘 입증되었다. 서양인은 노예무역의 폐지를 문명진보의 결정적인 순간으로 종종 되돌아본다. 그것이 어떻게 그토록 오랜 세월이 걸렸는지 우리는 의아해한다. 이제 우리는 한때 존경을 받았던, 노예를 소유했던 역사적 인물들을 예전과 달리 좀 더 비판적인 방식으로 바라본다. 우리는 그들의 동상을 무너뜨리고 그들의 이름을 딴 기관들에게 다른 이름을 붙이라고 청원한다. 하지만 우리가 정욕에 의해 추진되는 노예제는 못 본 체한다.

저스틴 홀콤은 이렇게 쓴다.

인신매매는 일종의 현대판 노예제이고, 오늘날 세계에서 가장 급성장하는 범죄 산업이다. 성매매는 가장 수지맞는 매매 중 하나이고 매춘, 포르노, 신부 매매, 그리고 상업적인 아동 성 학대와 같은 많은 종류의 성적 착취를 포함한다. UN에 따르면, 성매매는 범세계적으로 연간 320억 달러를 버는 것으로 추정된다. 미국에서는 성매매로 매년 95억 달러를 벌고 있다….

포르노가 성매매를 부추기는 일차적인 방법은 수요를 창출하는 것이다. 어쨌든 성매매는 공급과 수요로 이뤄져 있다. 공급은 여성과 아동이며, 이들은 가정에서 착취의 현장으로 강제로 몰리거나 직업과 여행과 더 나은 삶을 미끼로 가정에서 유인되어 나오곤 한다. 거리 매춘에 진입하는 소녀들의 평균 연령은 12살에서 14살 사이이고, 일부 개발도상 국가들에서는 그보다 더 어리다. 매매업자들은 다양한 충원 테크닉을 동원하여 여성들과 아동들을 스트립 클럽, 거리 매춘, 그리고 에스코트 서비스 등 상업적인 섹스 산업에 진입하도록 강요한다. 수천

명의 아동과 여성들이 해마다 이런 방식으로 피해자가 된다.[31]

누군가 인신매매를 반대하는 활동에 관여하는 동시에 그런 매매를 부추기는 온라인 포르노에 접근하는 경우가 드물지 않다. 정욕은 양편 모두 비인간화한다. 다윗의 옥상이나 우리의 스크린에서 본 사람은 하나님의 형상으로 지은 인간이 아니라 성적인 상품이다. 우리는 정상적인 인간의 감수성을 어느 정도 잃어버리고 평소에 깊이 신경 쓰는 것들에 대해 무관심해지고 둔감해진다. 음욕을 품고 보지 말라는 예수님의 가르침은 응시의 대상을 위한 보호망일 뿐 아니라 보는 사람을 위한 보호망이기도 하다. 누군가에게 음욕을 품는 것은 상대방이 모른 채 우리 마음속에서만 일어나더라도 결국은 관련된 모두에게 해를 끼친다.

예수님의 메시지는 그러므로 오늘날 논란거리이다. 그럴 필요가 있기 때문이다. 로마 제국의 도덕적 비일관성과 맹점이 지금은 우리에게 너무나 명백하게 보인다. 그리고 오늘날 우리는 그에 상당하는 것들을 갖고 있고, 성경의 가르

---

31. Justin Holcomb, "Porn is Not Harmless. It's Cruel" www.bit.lt/occasleep9 (accessed 27 August 2019).

침은 그것들을 더 명료하게 보도록 도와준다.

이와 동시에, 이 가르침이 우리 문화의 실패뿐 아니라 우리 마음속의 실패도 노출하고 있다는 것이 갈수록 명백해지는 것 같다. 만일 예수님과 신약의 가르침이 옳다면 ─ 이것이 정말로 하나님이 섹스에 대해 생각하시는 바라면 ─ 우리가 그분의 길에 훨씬 못 미치고 있는 셈이다. 우리 가운데 성적으로 남에게 깨어지고 비뚤어지고 해롭지 않은 사람은 하나도 없다. 이는 기독교의 메시지가 함축한 불편한 의미이다, 이는 우리 모두를 똑같은 배에 태우는데, 우리가 그 속에 있기를 원치 않는 배이다.

그래서 우리는 예수님의 원초적인 메시지를 묘사하는데 사용되었던 고대의 단어로 돌아갈 필요가 있다. 마가는 예수님의 삶과 사역을 이야기하기 시작할 때 이렇게 화두를 열었다.

하나님의 아들 예수 그리스도의 복음의 시작이라. (마가복음 1:1)

여기에 나온 "복음"은 좋은 소식으로서 시저에게 자녀

가 탄생했다거나 로마 제국이 멀리 떨어진 적을 이겼다는 등 극적인 발표를 할 때 사용되었던 단어였다. 그런데 마가는 그 단어를 예수님에게 사용한다. 예수님은 좋은 소식이다. 그것도 약간의 좋은 소식이 아니라 **유일무이한** 좋은 소식이다.

그 이유는 다음과 같다. 예수님은 우리에게 가져오는 윤리적 기준 면에서 — 물론 이것도 우리에게 필요하지만 — 좋은 분임에 그치지 않는다. 그분은 우리가 그 기준을 위반할 때 우리에게 반응하는 방식에서도 좋은 분이다. 하나님은 우리에게 정말로 관심이 있기 때문에 우리가 누구랑 자는지에 신경을 쓰신다. 우리가 모두 그렇듯이 실패할 때에도 마찬가지다. 예수님의 메시지는, 다윗이 천 년 전에 발견했듯이, 이를 깨달은 이들에게 더할 나위 없이 좋은 소식이다. 계속 읽어보자!

내가 실수를 저질렀다면
어떻게 하는가?

7장

예수님의 가르침 덕분에 영어에 들어온 약간 모호한 단어 중 하나는 팔복(beatitude)이다. 이는 "복을 받는다"는 뜻이고, 팔복은 하나님이 축복하시는 사람의 종류에 대한 예수님의 진술이다. 하나님이 은총과 선물을 쏟아부으시는 사람들을 가리킨다.

맨 처음 나오는 두 가지는 다음과 같고, 이 둘은 우리의 허를 찌른다.

심령이 가난한 자는 복이 있나니 천국이 그들의 것임이요 애
통하는 자는 복이 있나니 그들이 위로를 받을 것임이요 (마태복
음 5:3~4)

"심령이 가난하다"는 것은 스스로 생각하는 만큼 영적으
로 위대하지 않다는 점을 인식하는 사람이 된다는 것이다.
애통한다는 것은 여기서 특히 우리가 마땅히 되어야 할 사
람이 되지 못해서 슬퍼하는 것을 포함한다.

우리 중 다수는 상당히 후회하는 심정으로 이번 장에 이
를 것이다. 그것은 우리가 정말로 생각하고 싶지 않은 묻혀
버린 후회일지 모른다. 또는 우리가 생각하지 않을 수 없는
원색적인 후회일지도 모른다. 우리 중 일부는 아무런 후회
도 없을지 모른다. 그래도 후회를 느껴야 할 것 같다. 성은
인간 삶의 매우 개인적인 부분이라서 다양한 방식으로 우
리에게 깊은 영향을 미칠 수 있다.

기독교 메시지가 우리에게 도전한다. 그 도전을 피할 길
이 없고, 나는 그에 대해 사과하고 싶지 않다. 나에게도 도
전하기 때문이다. 그리고 우리 가운데 우리가 아는 것보다
훨씬 더 망쳤다는 소리를 듣고 싶은 사람은 하나도 없다.

그러나 기독교 메시지는 또한 우리를 고양하기도 한다. 하나님은 우리의 기대보다 훨씬 더 우리를 사랑하시고, 우리가 쓰라린 후회를 안고 살 때 예수님이 행하시는 일은 우리에게 가까이 오셔서 우리를 축복하는 것이다.

그런즉 기독교 메시지는 먼저 우리에게 도전하고 이후에 우리를 고양하는데, 이유인즉 그 메시지는 우리에게 우리가 아는 것보다 훨씬 더 망쳤다고 말할 뿐 아니라 우리가 새롭게 시작할 수 있고 우리의 기대보다 더 강한 희망을 품을 수 있다고 말하기 때문이다.

성경은 우리가 다 똑같다고 말하는데, 이 말을 듣고 당신이 놀랄지 모르겠다. 우리는 특히 종교적 맥락에서 "죄"의 개념에 익숙할지 모른다. 그러나 이 단어가 크리스천들에게 실제로 의미하는 바를 오해하기가 쉽다. 우리는 특정한 행동들만 죄악 되고 그릇된 것으로 간주하면서 죄의 개념을 하찮게 생각하거나 과소평가하는 경향이 있다(나는 지금 칼로리를 "죄"의 범주에 넣는 아이스크림 회사를 생각하는 중이다).

그러나 기독교의 메시지는 죄를 훨씬 더 심각하고 깊은 문제로 본다. 죄는 그저 규율을 위반하는 것에 그치지 않는다. 우리 마음을 비트는 것이기도 하다. 죄는 행동보다 태도와 더 관련이 있다. 이 점은 간음과 정욕에 대한 예수님의 가르침에서 살펴보았다. 그런데 문제는 우리 마음이 비틀어져서 도덕적으로 옳은 일도 죄악 된 방식으로 행할 수 있다는 것이다. 만일 죄가 우리 마음속의 깊은 성향이라면, 이는 삶의 모든 영역이 죄로 오염되었다는 뜻이다.

부서진 욕망들

이런 식으로 생각해보라. 내가 좋아하는 디저트는 사과 크럼블(crumble), 즉 뭉근히 끓인 사과 위에 밀가루나 귀리로 만든 크럼블을 올려놓은 것이다. 한참 전에 나는 몇몇 친구들과 주일 점심을 먹은 적이 있는데, 그들이 특별히 나를 위해 사과 크럼블을 만들었다고 말했다. 이에 나는 잠깐 기뻐했다가 그들이 "실험 삼아" 만든 것이라는 말을 듣자 곧 기쁨이 사라지고 말았다. 나는 공손하게 미소를 지으려 했지만, 속으로는 망쳤다는 느낌만 들었다. 과연 그랬다.

그들이 무엇을 더 넣었는지 잘 몰랐으나(풍미로 보면 플루토늄인 것 같다) 맛이 끔찍했다. 그리고 내가 숟가락으로 어느 부분 — 위편이나 아래편, 접시의 이쪽 끝이나 저쪽 끝 —

을 떠먹든지 하나같이 맛이 고약했다. 그들이 무엇을 넣었든지 간에 그것이 전체에 영향을 미쳤다(그리고 완전히 망쳤다).

이것이 바로 크리스천들이 믿고 있는 죄의 모습이다. 우리의 비틀어진 마음은 삶의 모든 부분을 오염시킨다. 당신이 삶의 어느 부분에 대해 생각하든지 우리 가운데 모든 면에서 완전한 사람은 하나도 없다. 그렇다고 삶의 모든 부분이 최악의 상태라는 말은 아니다. 어느 부분도 마땅히 그래야 할 만큼 선하지 않다는 뜻이다.

그래서 성경이 성적인 죄에 관해 얘기할 때는 성을 독특한 문제 또는 다른 무엇보다 더 나쁜 문제로 골라내는 것이 아니다. 단지 비틀어진 인간 마음이 다른 어떤 영역과 마찬가지로 이 영역에서도 나타날 것이란 사실에 대해 현실적일 뿐이다.

따라서 어떤 종류의 죄이든 행동만 수정한다고 해결되는 것이 아니다. 만일 문제가 우리 마음의 상태에 있다면, 어떤 외적인 윤리 기준, 즉 규율을 따르는 것이 궁극적인 해결책이 아니다. 그것은 마치 근본적인 이슈를 다루지 않고 증상만 개선하는 것과 같다. 우리에게 필요한 것은 더 나은 행위가 아니라 무엇보다도 새로운 마음이다.

성적인 행위에 대해 생각하면 이는 너무나 중요하다. 여기서 크리스천들이 흔히 범하는 실수가 몇 가지 있다.

실수와 해결책

하나는 어떤 다른 사람들만 성적인 죄인이라고 생각하는 것이다. 만일 우리가 외적 행위만 본다면 그럴 수 있다 (그럴지라도 누군가의 삶에서 일어나는 일의 절반도 알기 어렵다). 그러나 예수님은 이미, 진정한 이슈는 **우리의 행동**만이 아니라 **우리의 마음속에** 일어나는 일임을 보여주셨다. 예수님의 정의(定義)에 따르면, 우리는 모두 이 영역에서 깨어진 죄인들이다. 물론 우리가 제각기 다른 방식으로 그렇고 정도의 차이는 있을지 몰라도(이런 것도 우리가 가장 잘 판단하기 어렵다) 우리 중 아무도 독선적인 존재가 될 수 없다.

두 번째 실수는 사람들의 성적 행위를 개선하는 데만 초점을 두는 것이다. 즉, 성적인 죄를 지을 기회를 억제하는 규율을 만드는 것이다. 죄를 범할 기회를 줄이려는 것은 나쁜 일이 아니지만 그 자체만으로는 핵심에서 크게 벗어나는 일이다. **쟁점은 바로 우리의 마음이기 때문이다.** 우리 몸으로 짓는 성적인 죄의 기회를 제거하는 일은 우리의 마음을 더 낫게 만들지 못할 것이다. 만일 마음의 변화가 없다면 젊은이들에게 결의와 서약을 맺게 격려하는 일이 아무 소용이 없을 것이다. 그래서 그들이 그 결의 중 하나를 깨뜨릴 때 — 마음의 문제를 다루지 않으면 그럴 가능성이 크다 — 그들이 기독교를 "저버렸다"라고 생각하고 또 되돌아갈 길이 없다고 믿게 만들 수 있다.

감사하게도 성경은 우리에게 우리 모두 성과 관련해 깨어진 존재임을 보여주는 데 그치지 않는다. 그 사실에 건강하게 반응하는 법을 보여준다. 이를 보여주는 최고의 본보기는 바로 다윗 왕이다.

우리는 이미 다윗이 범한 끔찍한 짓과 밧세바와 그녀의 가족을 잔인하게 취급한 모습을 살펴보았다. 악한 행동이 줄줄이 이어지는 비극이었다. 정욕이 착취로, 거짓말로, 살인과 은폐로 이어진 것이다. 때때로 우리는 죄의 결과에서 벗어나기 위해 죄를 지어야 한다고 — 거짓말을 하거나 진실을 숨김으로써 — 느끼고, 이는 눈덩이처럼 불어나서 상상 못 할 재난을 초래한다.

다윗의 상황은 여러 면에서 독특했다. 그는 왕이라서 남용하고 죄를 지을 만한 특별한 권력을 갖고 있었다. 그는 또한 우리의 초상화이기도 하다. 우리 모두 성적인 죄인이기 때문이다. 우리는 성적인 죄를 짓지 않은 채 성적으로 발달할 수 없다. 적어도 나는 그렇다. 만일 내가 지난 수년 동안 내 마음을 통과한 생각들을 솔직하게 말한다면, 당신은 소스라치게 놀랄 것이다. 당신도 마찬가지일 것이다. 우리는 이 점을 의식해야 한다. 그것이 우리의 염려거리가 되어야 한다. 그것이 결국 다윗의 염려거리가 되었다.

다윗은 왕이었지만 한 선지자가 나타나서 발생한 사건에 대해 그에게 용감하게 도전했다. 다윗은 마침내 자기가 행한 짓을 인정했고, 그는 하나님 앞에서 시적인 기도의 형식으로 그 문제를 처리했다. 이는 시편 51편으로 성경의 일부가 된 것이다. 우리는 다윗이 행한 모든 죄악을 다 저지르지 않았을지 몰라도 그의 반응은 우리가 성적인 죄를 범할 때 따를 만한 하나의 모델이다.

우리는 무엇을 행해야 하는가?

다윗의 시편에 나오는 첫 두 행을 주목하라.

하나님이여 주의 인자를 따라 내게 은혜를 베푸시며

주의 많은 긍휼을 따라 내 죄악을 지워 주소서.

나의 죄악을 말갛게 씻으시며

나의 죄를 깨끗이 제하소서. (시편 51:1~2)

다윗은 초대형 사고를 쳤다. 자기가 하나님을 실망하게 했다는 것을 안다. 그러나 하나님을 실망하게 했을 때 찾아갈 최상의 장소가 하나님 그분이란 것도 그는 알고 있다. 다윗은 (우리처럼) 이렇게 생각하기가 쉬웠을 것이다. '나는 완전히 실패했으니 이제는 하나님 근처에 갈 수 없어.' 어느 의미에서는 그런 생각이 옳다. 우리는 진정 선하신 하나님과 관계를 맺을 만한 사람들이 아니다.

그러나 다윗은 이미 하나님에 관해 무언가를 배웠고, 그것이 바로 이 시편 서두에 담겨 있다. 다윗은 하나님이 그의 말을 들을지도 모른다는 희박한 가능성이 그래도 낫다고 생각하며 절망 가운데 하나님께 부르짖고 있는 것이 아니다. 아니다, 다윗은 하나님이 어떤 분인지에 기초해 그분에게 부르짖고 있다. 다윗은 자비를 간청한다. 하나님께 그의 모든 죄악을 말갛게 씻고 깨끗이 제거해달라고 간구한다. 그는 하나님께 마치 자기가 행한 짓을 전혀 행하지 않은 것처럼 자기를 대해달라고 부탁한다. 그러나 이것을 왕에 대한 은총이 아니라 하나님의 고유한 방식에 따라 ─ 하나님의 "인자"와 "많은 긍휼"을 따라 ─ 해달라고 간구한다. 이는 하나님이 구약 전체에서 중요한 순간마다 그 자신을 묘사할 때 사용하셨던 어구이다. 하나님은 스스로를 "자비롭고 은혜롭고 노하기를 더디하고 인자와 진실이 많은 하나님이라"고 선포하신다(출애굽기 34:6). 하나님은 그 자신을 이렇게 묘사하길 좋아하신다. 단골 트윗인 셈이다. 하나님이 누군지 그 핵심에는 긍휼, 은혜, 인자, 성실이 있는 것이다.

다윗은 그동안 이 사실을 배워왔다. 그래서 하나님께 나아와서 불가능한 듯 보이는 것을 요청한다. 왜냐하면 하나님은 바로 하나님의 친절을 받을 자격이 없는 사람들에게 친절을 베푸시는 그런 분임을 보여주셨기 때문이다.

우리는, 하나님이 우리를 사랑하신다면 우리가 그의 사랑을 받을 만한 존재이기 때문이라고 흔히 생각한다. 사실은 그렇지 않다. 하나님이 우리를 사랑하시는 것은 **우리의**

모습 때문이 아니라 **그분의** 성품 때문이다.[32] 즉, 우리가 완전히 사랑받을 만한 인물이기 때문이 아니라 그분이 완전히 사랑을 베푸는 분이기 때문이다.

다윗은 이 점을 알았고, 우리 역시 그것을 알 수 있다. 우리 가운데 하나님의 사랑을 **받을 자격이** 있는 사람은 하나도 없다. 그래도 우리 모두 그 사랑을 받을 수 있다. 다윗이 받을 수 있었다면 우리도 받을 수 있다. 우리는 하나님께 자비를 간구할 필요가 없을 만큼 선하지 않다. 우리는 그럴 수 없을 만큼 악하지 않다. 우리가 무슨 짓을 했든지, 우리가 무슨 장면을 보았든지, 우리가 무슨 생각을 품었든지 간에. 우리가 얼마나 많은 성적인 죄를 지었든지 간에 언제든지 하나님께 나아갈 수 있다.

하나님은 바로 이런 분이라서 기독교는 좋은 소식인 것이다. 그래서 우리는 우리의 실패에 대해 그분께 솔직할 수 있다.

---

32. 이 어구는 글랜 스크리버너의 것을 빌려온 것이다.

우리는 무엇을 인정해야 하는가?

우리는 "사과 아닌" 사과의 시대에 살고 있다. 공적인 인물들이 실제로는 어떤 잘못도 인정하지 않으면서 그들의 말이나 행동이 누군가에게 상처를 줬거나 오해를 불러일으켜서 "사과한다"는 말을 듣는데 우리가 익숙하다.

다윗은 그런 말을 하지 않는다. 이미 살펴보았듯이, 그 자신이 행한 짓이 죄악임을 시인한다. 그저 비이상적이거나 불완전한 행동이 아니라 실제로 도덕적으로 잘못된 짓이라고 말한다. 윤리적인 선(線)이 실제로 존재한다. 다윗은 그 자신이 그 선을 넘었다는 것을 안다.

무릇 나는 내 죄과를 아오니
내 죄가 항상 내 앞에 있나이다. (시편 51:3)

다윗은 자기가 행한 짓이 잘못임을 알았을 뿐 아니라 그 잘못을 마음에서 떨쳐낼 수 없는 듯하다. 이제 그는 도전을 받아 자기 행동의 본질이 드러나자, 양심이 찔림을 받았다. 그는 자기가 취한 행동에 관한 생각을 멈출 수 없다. 적당하게 덮을 수 없다. 그 행동을 "실수"나 "실책"이라 부르지 않는다. 그가 행한 일은 주님이 보시기에 악하다(4절). 이를 피해 갈 방법이 없다.

또한 다윗은 자기 행실이 자신의 진정한 모습이 아니라고 말하려 하지 않는다. 오늘날에는 누군가의 잘못이 드러나면 본인이 "나에게 무엇이 씌었는지 모르겠다. 나는 본래 이런 사람이 아니다"라고 말하는 것이 흔하다. 다윗은 그와 정반대로 말한다.

내가 죄악 중에서 출생하였음이여

어머니가 죄 중에서 나를 잉태하였나이다. (시편 51:5)

학자들은 다윗이 여기서 시적 과장법을 쓰고 있는지, 아니면 정말로 자기가 잉태된 순간부터 죄성을 갖고 있었다고 믿었는지를 놓고 논쟁한다. 그러나 다윗의 요점은 분명하다. 그가 행한 짓은 그의 내면에 있던 것이 밖으로 표출된 것이라는 점이다. 그가 간음을 범한 것은 그 자신이 마음속으로 간음자이기 때문이다. 그가 거짓말을 한 것은 그 자신이 마음속으로 거짓말쟁이기 때문이다. 그가 살인한 것은 그 자신이 마음속으로 살인자이기 때문이다. 다윗은 이것이 마음의 문제이지 단 한 번의 탈선행위가 아니라는 것을 알고 있다. 그가 그런 행동을 한 것은 그의 마음이 그런 상태이기 때문이다.

이는 받아들여야 할 불편한 깨달음이지만 예수님의 가르침에 줄곧 나오는 것이다. 우리는 본능적으로 우리의 행실을 이슈로 삼고 싶지만(우리가 개선할 수 있다고 믿기에), 예수님은 이슈가 마음인 것을 보라고 끊임없이 도전하신다.

대다수 세대가 그렇듯이 우리도 우리 자신이 근본적으로 선하다고 생각한다. 우리는 (좀 더 현실적인 순간에는) 우리가 모든 것을 완벽하게 수행하지 못한다는 사실을 안다. 그러나 우리의 깊은 중심에 근본적으로 잘못된 그 무엇이 있다고 시인하는 일은 전혀 다른 것이다. 하지만 이것이 바로 예수님이 우리에게 대면하라고 요구하시는 진실이다. 한 번은 이런 불편한 진단을 내리셨다.

마음에서 나오는 것은 악한 생각과 살인과 간음과 음란과 도둑질과 거짓 증언과 비방이니 이런 것들이 사람을 더럽게 하는 것이요. (마태복음 15:19~20)

예수님이 열거하신 모든 것은 저변에 잘못된 것의 증상들이다. 우리가 나쁜 생각을 품는 것은 우리 마음의 상태 때문이다. 우리가 도둑질하고 거짓말을 하는 것은 우리 마음의 상태 때문이다. 그리고 우리가 인간의 성(우리의 것과 타인의 것)을 오용하는 것은 우리 마음의 상태 때문이다. 우리가 이 점을 인정하지 않는다면 우리 자신을 제대로 이해하지 못할 것이다. 우리의 성적인 깨어짐은 우리의 인간 본성 속 더 깊고 더 근본적인 깨어짐의 징표이다.

다시 말하건대, 하나님이 스스로 어떤 분인지를 입증하셨기 때문에 다윗은 그분께 그 점을 시인할 수 있었다. 다윗은 그동안 하나님과의 관계를 통해, 그리고 그의 백성이 하나님과 겪은 긴 역사를 통해 그의 주님이 정말로 은혜롭고 긍휼이 많고 성실과 인자가 가득한 분임을 보았다.

우리도 똑같은 것을 알 수 있다. 하나님의 이런 속성들 ─ 구약 시대에 다윗에게 그토록 명백했던 ─ 은 예수님의 삶에서 가장 명백히 드러난다. 당신이 어느 복음서를 읽든지 예수님이 우리에게 드러내신 하나님이 어떤 분인지를 도무지 놓칠 수 없다. 그 하나님은 우리를 실제보다 더 나은 존재로 여기지 않고 우리의 상태를 꾸짖는 분이지만 놀랍게도 우리의 현실 속으로 걸어 들어오셔서 우리의 모든 깨어짐을 스스로 짊어지신 분이다.

그래서 예수님은 "상한 갈대를 꺾지 아니하며 꺼져가는 심지를 끄지 아니하는 분"(마태복음 12:20)으로 일컬어지는 것이다. 이는 낯선 어구일지 몰라도 진실로 훌륭한 점을 표현한다. 예수님은 너무나 온유한 분이라 우리가 가장 아픈 상처를 안고도 그분을 신뢰할 수 있다. 그분은 우리를 짓누르지 않을 것이다. 그분은 우리가 상상할 수 있는 것보다 더 우리의 깨어짐과 실패에 대해 온유하시다.

이것이 바로 기독교 신앙의 핵심이다. 예수님이 행하신 일 때문에 지금은 하나님께 완전히 알려져도 안전하다고 할 수 있다. 우리가 굳이 숨길 필요가 없다. 혼란에 빠질 필요가 없다. 우리는 우리 마음에 품은 최악의 죄들을 깊이 또 자유로이 고백할 수 있다.

우리는 무엇을 받아야 하는가?

다윗은 그의 마음의 실재를 인정하는 데 그치지 않는다 (이것도 쉽지 않았겠지만). 그는 또한 하나님 앞에 와서 도움을 구한다. 하나님이 우리의 진정한 모습을 노출하는 일만 하지 않는다는 것을 그는 알고 있다. 그 자체는 결정적인 도움이 되지 않을 것이다. 아니다, 하나님은 또한 우리를 새롭게 하시겠다고 약속하신다. 그래서 다윗이 이렇게 기도하는 것이다.

> 우슬초로 나를 정결하게 하소서… 나의 죄를 씻어 주소서… 내게 즐겁고 기쁜 소리를 들려 주시사… 주의 얼굴을 내 죄에서 돌이키시고 내 모든 죄악을 지워 주소서. 하나님이여 내 속에 정한 마음을 창조하시고 내 안에 정직한 영을 새롭게 하소서. (시편 51:7~10)

다윗은 하나님께 그의 죄를 세지 말아 달라고 간구했다. 하나님이 이렇게 하실 수 있다는 것을 알았기 때문이다. 우리가 행한 잘못을 다룰 방법을 찾으시되 그 잘못에 걸맞는 방식으로 우리를 대하지 않으실 수 있음을 안 것이다. 지금은 예수님의 죽음이 그 방법을 보여준다.

다윗은 또한 새롭고 깨끗한 마음을 위해서도 간구했다. 용서와 변화는 별개의 것이다.

몇 년 전 나는 한 친구와 웨일스의 스노도니아에 있는 한 산에서 등산을 하고 있었다. 등산로가 복잡해지자 우리는 다른 모든 등산객을 따돌리고 정상에 이르는 "즉흥 노선"을 취하기로 했다. 그러다가 우리가 어떤 바위 턱에 들어섰는데 내려가는 길과 올라가는 길이 전혀 없는 것 같았다. 나는 불안해지기 시작했고 "내가 여기서 벗어나면 절대로 이런 멍청한 짓을 다시는 하지 않겠다"라고 자신에게 다짐했다. 이는 일종의 아이러니였는데, 내가 그런 다짐을 한 것이 처음이 아니었기 때문이다. 약 2년 전에 잉글랜드의 호수 지방에 있던 한 산에서도 너무나 비슷한 일이 발생했었다.

그래서 나는 그 순간 두 가지로부터 구출될 필요가 있었다. 그 바위 턱과 스스로 이런 상황에 부닥치는 나의 멍청한 버릇이었다. 나는 구출과 변화 모두 필요했다. 후자가 없으면 아마 나는 조만간에 다른 산에서 또 다른 바위 턱에 들어서고 말 것이다.

하나님께 "내가 그런 짓을 안 했더라면 좋을 텐데"라고 말하는 것으로 충분치 않다. 내가 정작 해야 할 말은 "내가 그런 짓을 하는 그런 사람이 아니었다면 좋을 텐데"이다.

좋은 소식이 있다. 하나님은 우리를 변화시키지 않은 채 그냥 용서하지 않는다는 사실이다. 그리고 실은 그분이 베푸시는 바로 그 용서가 결국 우리를 변화시킨다. 그리스도께서 우리의 죄를 스스로 짊어지셨다는 것을 우리가 배우면 우리는 죄에 대해 다른 태도를 취하기 시작한다. 그렇다고 우리가 죄를 지을 수 없다는 뜻이 아니고 죄가 예전만큼 달콤하지 않다는 뜻이다. 마치 당신이 양치질한 뒤에 오렌지주스를 마시는 것과 같다. 그 주스는 변하지 않았지만, 당신의 입맛은 극적으로 변했다. 그리스도의 죽음은 우리에게 그런 효과를 발휘한다. 우리가 예수님에게 의지하면 죄가 서서히 그 맛을 잃는다는 것을 알게 되리라.

이는 매우 중요한 점이다. 우리는 절대 변하지 않을 것이라고 믿기 쉽다. 어쩌면 우리가 어떤 성적 습관을 개발해서 그것을 깨는 일이 불가능하다고 믿을지 모른다. 어쩌면 포르노 시청, 또는 낯선 자와의 접속, 또는 문란한 성관계, 또는 어떤 개인들에 관한 일상적인 공상일지도 모른다. 그런 것이 너무나 깊이 뿌리박혀 있는 듯하다. 우리는 우리의 행동을 바꾸기는커녕 그런 행동을 원하지 않는 모습을 도무지 상상할 수 없다.

그래서 우리도 다윗처럼 기쁨을 달라고 간구할 필요가

있다. "내게 즐겁고 기쁜 소리를 들려 주시사"(8절). 죄는 우리의 기쁨을 공격한다. 죄는 삶을 비참하게 만든다. 반면에 영적인 기쁨은 우리의 죄를 공격한다. 우리는 다른 어떤 것을 훨씬 더 즐기기 시작할 때에야 결국 죄를 즐기는 일을 그만두게 된다. 불건전한 욕망을 끄기는 어렵다. 그래서 우리에게 새롭고 더 큰 욕망이 필요하다. 그래서 다윗은 이를 갈면서 하나님의 길을 따르기를 원치 않는다. 그는 사랑하길 원하고 그 길을 원한다.

우리는 하나님께 이 모든 것을 달라고 간구할 수 있다. 예수님은 하나님이 자기 자녀들에게 좋은 선물을 주시길 즐기신다고 분명히 말씀하셨다(마태복음 7:7~11). 만일 우리가 하나님의 길을 전혀 원하지 않는다면 그분께 그렇게 말씀드릴 수 있다. 하나님의 길을 원하길 바라는 것도 가능하다.

우리 가운데 이런 필요를 느끼지 않을 만큼 선한 사람은 없다. 그리고 우리 가운데 그 길을 찾을 수 없을 만큼 나쁜 사람도 없다. 하나님께서 다윗 같은 사람도 용서하고 새롭게 하실 수 있다면 어떤 누구라도 그렇게 하실 수 있는 것이다. 성경은 우리의 성이 너무나 깨어졌다고 말하는데, 이를 받아들이는 것은 고통스러운 일이다. 그러나 이를 인정하면 용서와 변화를 아는 기쁨을 맛볼 수 있다.

날마다 새롭게

어린 시절의 아름다운 추억 중 하나는 바닷가에 사는 조부모를 방문하는 일이었다. 그 집은 방대한 모래사장 바로 곁에 있었고 썰물은 (나의 어린 눈에) 한없는 물길과 호수를 만드는 듯했다. 나는 모래사장에서 강둑을 만들고 새로운 저수지를 건설하고 담과 울타리를 세우면서 많은 시간을 보냈다. 오후가 끝날 때가 되면 해변이 극적으로 개량된 것처럼 보였다. 나는 녹초가 되고 피부가 갈색으로 변하고 내 작품을 흐뭇하게 바라보곤 했다.

그런데 한 가지만은 보장되었다. 이튿날 아침이 되면 전날에 수고한 그 모든 노동의 증거가 하나도 남지 않는다는 것이다. 조류가 왔다 가고 해변은 완전히 초기 상태로 되돌아간다. 나에게 작업할 새로운 캔버스가 주어지는 것이다.

이 깨어진 세계의 참상이 과연 말끔하게 정돈될 수 있는지는 상상하기 어렵다. 우리 중 일부는 우리가 다른 사람들을 엉망으로 만든 잘못을 의식하고 있다. 우리가 유발한 상처, 우리의 성과 그들의 성을 이기적으로 이용한 모습이 생각난다. 우리가 다른 사람의 마음을 혼란케 한 것은 물론 우리 자신의 마음을 혼탁하게 만든 것도 생각난다.

다윗도 이런 느낌이 들었을지 모른다. 하지만 그는 하나님의 긍휼과 친절을 알았다. 우리가 엉망진창이 되었을 때 하나님의 반응은 우리를 내버리는 것 ─ 당연히 그럴 권한이 있지만 ─ 이 아니라 우리는 돕는 것임을 알았다. 다윗은 해변의 조류처럼 하나님이 우리의 모든 잘못을 씻어버릴 수 있고 또 기꺼이 그렇게 하실 것임을 알았다. 그래서 다윗은 자기 잘못을 인정하고 도움을 간구하고, 기도의 대상인 하나님이 긍휼 베풀기를 좋아하신다는 것을 알았을 때 그 결과에 대해 확신할 수 있었다. 그리고 우리도 그럴 수 있다.

우리는 모두 성적인 죄인들이다. 당신도 그렇고 나도 그렇다. 내가 예전에 생각했던 것들과 내가 행했던 것들에 대해 생각하면 지금도 너무나 부끄럽다. 내가 다른 이들의 성을 존중하지 않는 방식으로 그들에 대해 생각하기 시작하기는 너무나 쉽다. 그들을 비인간화하고 상품으로 취급하는 방식으로 말이다. 내 마음속에 성적 도착이 있다. 이는 나를 슬프게 한다. 지금도 때로는 나를 유혹한다. 이 싸움이 아직 끝나지 않았고 나는 여전히 성장하는 중이다. 아마나는 이 문제를 의식하면서 남은 생애 동안 계속 싸우게 될 것이다. 그리고 늘 그릇된 섹슈얼리티를 갖게 될 것이다.

그래서 나는 기독교의 좋은 소식이 꼭 필요하다. 용서하고 치유하시는 하나님의 능력이 사태를 엉망으로 만드는 나의 능력보다 훨씬 더 크다는 것을 내가 알 필요가 있다. 하나님은 충분히 크시고 영리하시고 선하셔서 내 마음과 행동의 혼란한 양상을 직시하고, 그리스도 안에서 나에게 다가오시고, 나를 그분께 초대하시고, 나를 다시 온전케 하는 과정을 시작하실 수 있다는 것을 내가 알 필요가 있다. 이는 내가 날마다 들을 필요가 있는 메시지다.

하나님께서 이 영역에 관심이 있다는 것은 좋은 소식이다. 그렇지 않으면 우리를 제멋대로 하게 내버려 두실 것이다. 그렇다고 이와 관련해 하나님을 신뢰하기가 쉽다는 뜻은 아니다. 우리 중 다수는 성을 자기표현과 자기실현의 핵심 수단으로 생각하기 때문이다. 그래서 자기의 사명과 정체성이 딱 맞는 파트너를 찾는 것이고 이것이 풍성한 삶에 이르는 열쇠라고 확신하는 사람에게 예수님이 어떻게 반응 하시는지를 살펴보자.

우리의 정체성은
성적 충족감에 있지 않은가?

8장

오늘 이제까지 당신이 마신 모든 음료에 대해 생각해보라. 아침 식사 때의 커피와 주스로 시작해서 하루 동안 물을 두어 컵 마시거나 커피나 차를 두어 잔 더 마셨을지 모른다. 이에 대해서는 굳이 생각할 필요가 없어서 생각하지 않는 게 보통이다. 우리는 그런 것을 잠시도 깊이 생각하지 않는다. 우리가 무엇을 원하고 또 마실 필요가 있든지 금방 구할 수 있기 때문이다. 다시 생각하지 않은 채 음료수를 그냥 집어 든다. 그래서 우리는 목마르다는 것이 무슨 뜻인지 잘 모른다.

갈증은 우리가 종종 다른 필요와 욕구에 관해 얘기할 때 사용하는 일차적인 욕구이자 기본적인 개념이다. 누군가 동반자 관계나 지식에 대한 갈증이 있다거나, 한 아이가 정보를 스펀지처럼 빨아들일 수 있다거나, 전경이 좋은 장소에서 넋을 잃고(drink in) 보길 원한다는 식으로 말한다.

그런즉 우리가 섹스에 관해 말할 때도 이런 언어를 쉽게 사용하는 경향이 있다. 이를 욕구, 욕망, 필요의 문제와 만족감을 찾는 문제로 생각한다. 강렬한 갈망은 분명히 문제를 일으킬 수 있다. 갈증이 극심하면 파선한 선원이 바닷물을 마실 수 있고, 이는 갈증을 더 심화시킬 뿐이다. 성적 갈망도 이렇게 될 수 있다. 후회스러운 성적 만남은 종종 충족되지 못한 욕망을 결국 유익하지 못한 방식으로 충족시키려 한 결과이다.

우물가의 여인

이 모두는 우리가 우리와 시대 및 장소가 전혀 다른 한 여인을 만날 때 도움이 된다. 그녀는 오늘날 이스라엘에 있는 사마리아라는 지방에 살고 있었다. 그녀는 신체적 갈증에 대해 많이 알고 있었다고 추정할 수 있는데, 우리가 그녀를 만나는 시점이 태양이 가장 높고 공기가 가장 뜨거운 정오이기 때문이다. 거기에 이천 년 전에 살았다. 우리가 그녀를 만날 때는 그녀가 신체적으로 목이 말라 물을 길으려고 우물에 접근할 때이고 신체적으로 홀로였다. 소외되고 추방된 상태였다. 그래서 그녀는 동반자 관계에 대한 갈증에 대해서도 알고 있었다고 추정할 수 있다. 우리가 그녀를 떠날 때는 이 두 가지 갈증이 모두 채워진 상태이다.

그녀의 시대와 장소는 우리에게 낯설지 몰라도 그녀의 경험은 낯익을 것이다. 그녀는 복잡한 성적인 내력을 갖고 있다. 당시에는 상당한 스캔들로 여겨졌을 것이고 그 때문에 사람과의 접촉을 피했다. 그녀는 충족되지 않은 욕망을 안고 살고 있다. 그녀의 애정 생활은 줄줄이 그런 욕망을 채우려는 시도였으나 모두 실패하고 말았다. 한 마디로 엉망진창이었다. 이 시점에 이르면 그런 욕망이 채워질 희망이 조금이라도 있는지 그녀는 궁금할 것이다.

우리가 그녀에 관해 알게 된 것은 그녀가 예수 그리스도와 우연히 마주쳤기 때문이다. 이 에피소드는 우리를 위해 사복음서 중 하나인 요한복음 4장 1~30절에 기록되어 있다.

어느 의미에서는 예수님이 거기에 가지 말았어야 한다. 유대인은 사마리아를 가로질러 여행하지 않는 편이었다. 두 민족 간에 나쁜 역사가 있었고, 많은 유대인은 자기 발로 사마리아 땅을 밟기를 원치 않았다. 그래서 그 땅을 통과하지 않기 위해 우회해서 먼 길로 여행했다. 그러나 예수님은 이런 것들에 대해 그 나름의 생각이 있었다. 그분이 그 지방을 가로질러 여행하면서 수가라고 불리는 마을에 있는 한 우물에서 발길을 멈춘다. 때는 하루의 중간 시점인 정오라고 요한이 일러준다. 바로 여기서 그분이 그 특정한 여인을 만난다.

그녀도 정말로 거기에 있지 말았어야 한다. 정오는 바깥에 있기에 최악의 시점이었다. 사람들은 보통 좀 더 이른 시간, 좀 더 시원할 때에 우물로 가곤 한다. 그녀가 그런 시간대에 여기에 있다는 것은 대체로 사람들과 어울리지 않는다는 점을 시사한다. 그녀 홀로 거기로 향한다는 것은 누구와도 어울리지 않을 것임을 시사한다.

예수님은 그녀에게 물을 좀 달라고 요청하면서 말문을

연다.

"물을 좀 달라." (요한복음 4:7)

이 일도 발생하지 말았어야 한다. 당시의 문화에서는 보통 남자가 모르는 여자에게 말을 걸지 않았다. 그런데 이는 더 심한 경우였다. 그는 유대인 랍비였고 그녀는 평판이 나쁜 사마리아 여자였으니까. 예수님은 온갖 사회적, 인종적, 도덕적, 종교적, 성적 장벽을 부수고 계신다. 이 만남은 그분에 관해 많은 것을 일러줄 것이다. 그녀는 버려진 장소에 홀로 있는 버림받은 사람이었지만 예수님은 결코 그녀를 이용하거나 그녀에게 달려들지 않는다. 오히려 존경과 품위를 갖춰 그녀를 대하신다.

우물가의 남자

여기서 잠시 멈출 필요가 있다. 예수님은 여러 면에서 1세기 유대 문화의 일부였지만 그 문화에 매이지 않으셨다. 그분은 어떤 것이 당시의 문화라고 해서 그 흐름을 그냥 따르지 않으셨다. 필요하다고 느낄 때는 파격적으로 그 관습과 단절될 준비가 되어 있었다. 따라서 그분이 구약의 성 윤리에 헌신했다는 것은 당시의 문화에 무력하게 갇혀 있었다는 징표가 아니다.

그런데 이것이 바로 예수님이 스스로 주장한 그런 인물, 즉 사람들을 그에게 이끌기 위해 하늘에 계신 그의 아버지가 보낸 자로부터 우리가 기대할 만한 것이다. 만일 그분이 진실로 하늘로부터 보냄을 받았다면, 그는 모든 인간 문화 바깥에서 왔기에 그의 말과 가르침이 어떤 문화이든 특정한 인간 문화의 가치관을 때로는 긍정하고 때로는 비판하게 될 것이다. 이는 그분이 태어나서 자란 문화를 포함해 어느 문화적 시기에도 완전히 속하지 않는다는 징표이다. 그분은 그 문화 안에 있으나 그 문화에 속하지 않는다(이는 그분이 그의 추종자들에게 요구하는 바이다).

그래서 예수님은 당대의 다수와 달리 이 여인이 자기 아래 있다고 생각하지 않는다. 그와 정반대이다. 그는 평판이 나쁜 여인에게서 물러서지 않는다. 오히려 그런 사람들을 찾아 나선다.

이어서 짧은 대화가 오간다.

사마리아 여자가 이르되 "당신은 유대인으로서 어찌하여 사마리아 여자인 나에게 물을 달라 하나이까?"… 예수께서 대답하여 이르시되 "네가 만일 하나님의 선물과 또 네게 물 좀 달라 하는 이가 누구인 줄 알았더라면 네가 그에게 구하였을 것이요 그가 생수를 네게 주었으리라." (요한복음 4:9~10)

이는 전형적인 예수님의 말씀이고, 왜 그분이 그토록 자주 우리를 당혹스럽게 하는지를 잘 보여준다. 그분이 그녀에게 건넨 말씀의 각 부분은 의미심장하다.

• **"네가 만일 하나님의 선물과…"** 하나님이 누구에게나 선물로 줄 수 있는 그 무엇이 있다고 예수님이 말하고 계신다. 그것은 자격이 있거나 벌 수 있거나 공로로 얻을 수 있는 것이 아니다. 그 선물을 받는 일은 우리의 인종이나 우리의 성, 또는 우리의 성품과 업적에 달려있지 않다.

• **"… 또 네게 물 좀 달라 하는 이가 누구인 줄 알았더라면 네가 그에게 구하였을 것이요…"** 하나님이 우리를 위해 준비하신 것이 무엇이든지 그것은 그리스도로부터 얻을 수 있고, 지금 구하기만 하면 된다. 그에게는 하나님이 우리에게 주고 싶

은 것을 줄 권위가 있다.

- **"… 그가 생수를 네게 주었으리라."** 우리가 예수님을 통해 하나님에게서 받을 수 있는 선물은 바로 "생수"이다. 예수님은 메마른 시골의 한 우물가에 서 계셨다. 물은 사람들의 의식에서 결코 멀리 있지 않았다. 목마름은 간헐적인 약간의 불편함이 아니었고 영속적이고 심각한 위협이었다. 물의 위치, 물의 가용성, 물의 공급은 일상생활의 상당 부분을 지배했다. 물은 곧 생명이다. 우리가 얼마나 물에 의존하는지, 물을 쉽게 구하지 못하는 상태로 사는 것이 어떤지를 우리는 잘 모른다. 하지만 물이 생명에 꼭 필요한 것임에도 불구하고, 예수님은 우리가 얻을 수 있는 다른 것도 있다고 말하고 계신다. 바로 "생수"이다.

이어서 예수님은 이 말의 뜻을 설명하신다.

예수께서 대답하여 이르시되 "이 물을 마시는 자마다 다시 목마르려니와 내가 주는 물을 마시는 자는 영원히 목마르지 아니하리니 내가 주는 물은 그 속에서 영생하도록 솟아나는 샘물이 되리라." (요한복음 4:13~14)

예수님은 엄청난 주장을 펴신다. 물은 두 종류가 있다는 것이다. 이 여인이 이 우물에서 긷고 있는 전형적인 종류와 예수님이 친히 제공하는 물이다.

전형적인 물은 그 고유한 역할을 훌륭하게 수행하되 그 역할이 제한되어 있다. 물은 우리의 목마름을 풀어주지만, 한시적일 뿐이다. 이 여인은 필요한 것을 가져가서 기쁘게 사용하겠지만 다시 돌아와야 할 것이다. 그녀는 결코 충분한 만큼 가져갈 수 없을 것이다. 우리도 마찬가지다. 우리가 아무리 많은 물을 확보할 수 있어도 항상 더 필요할 것이다.

그러나 예수님은 우리의 일상적인 물이 유일한 종류가 아니라고 말씀하신다. 그리고 우리의 갈증도 유일한 종류의 갈증이 아니다. 또 다른, 더 깊은 갈증이 있다.

우리는 무엇에 갈증을 느끼는가?

예수님이 주시는 "생수"는 궁극적인 만족을 제공할 수 있다. 일단 우리가 이 물을 갖게 되면 이런 갈증은 더는 없을 것이다. 그 효과는 지속적이고 영구적이리라.

예수님은 그의 물은 내적인 것이라고 말씀하신다. 그는 우리가 이 물을 마신다면 우리 **속에서** 발견될 샘을 묘사하신다. 즉 "그 사람 속에 있는" 샘이다. 이제는 가까운 우물을 찾을 필요가 없다. 그것은 우리 마음속에 있을 것이다. 그리고 그저 내면의 우물이 아니라 내면의 샘임을 주목하라. 이 둘은 같지 않다. 우물은 닫고 열 수 있는 것이다. 이는 필요할 때 물을 제공한다. 반면에 샘은 영구히 솟아나는 원천이다. 켜고 끌 수 없다. 우리는 샘을 통제하지 않는다. 그래서 이 생수가 무엇이든 간에, 예수님은 그저 우리의 남은 생애 동안 충분히 마실 만큼 많은 물이 아니라 실제로 끝없는 내적인 공급을 약속하고 계시는 것이다. 우리는 물을 수령하는 자일뿐 아니라 운반하는 자들이 된다.

예수님은 우리 모두를 괴롭히는 갈증이 있다고 말씀하신다. 내면의 깊은 갈증, 영혼의 갈증. 오직 그분만 풀어주고 만족시킬 수 있는 갈증이라고 말한다. 우리는 누구나 이것을 경험한다. 항상 우리가 미칠 수 없는 듯이 보이는 그 무엇에 대한 갈망과 열망이다. C. S. 루이스는 이를 우리 각자가 품고 있는 "머나먼 나라"에 대한 욕망으로 묘사한다.

우리가 지금도 우리 속에서 발견하는, 우리의 머나먼 나라에 대한 이 욕망에 대해 말할 때 나는 약간의 수줍음을 느낀다. 나는 상스러운 짓을 범하다시피 하는 중이다. 나는 여러분 각자 속에 있는 위로할 수 없는 비밀을 열어젖히려고 하는 중이다.… 이는 그토록 달콤하게 찌르는 비밀, 매우 친밀한 대화에서 그것에 대한 언급이 임박하면 우리가 거북해져서 우리 자신을 비웃게 되는 비밀, 우리가 감추고 또 말하고 싶어도 그럴 수 없는 비밀이다. 우리가 그것을 말할 수 없는 이유는 우리의 경험에 실제로 나타난 적이 없는 그 무엇에 대한 욕망이기 때문이다. 우리가 그것을 감출 수 없는 이유는 우리의 경험이 끊임없이 그것을 시사하고 또 마치 연인들이 어떤 이름을 언급할 때처럼 우리 자신을 무심코 드러내기 때문이다.[33]

우리 모두 이것이 무엇인지에 대한 우리 나름의 개념이 있고, 그것을 추구하는 우리 나름의 조용한 방식이 있다. 그러나 예수님의 주장인즉, 우리가 스스로 발견하거나 이룰 수 있는 것이 무엇이든 간에 그것은 그 욕망을 결코 만

---

33. C. S. Lewis, *The Weight of Glory* (William Collins, 2013), p 29~30. 『영광의 무게』 (홍성사)

족시킬 수 없다는 것이다. 그 공허함을 채우려고 무엇을 구하든지 간에 그것은 충분하지 않다. 그것이 인간관계, 권력, 친밀감, 가족, 돈, 인정, 안전, 또는 다른 무엇이든지 간에, 우리가 그것을 더 많이 가질수록 우리는 그것을 계속 더 많이 갖고 싶어 할 것이다.

자선의 왕으로 불리는 존 록펠러는 얼마만큼의 돈이면 충분하겠느냐는 질문을 받자 이렇게 대답한 것으로 유명하다. "그저 조금만 더." 록펠러가 얼마나 큰 부자였는지를 생각하면 우리가 이런 불합리한 대답에 갸우뚱거릴지 몰라도, 예수님은 우리도 마찬가지라고 말씀하시는 듯하다. 우리가 영혼의 갈증을 만족시키려고 어디를 바라보아도 진정한 해갈을 제공하기엔 역부족일 것이다. 세상에는 부를 얻기 위해 사는 사람을 만족시킬 만큼의 돈이 없다. 상호교섭을 위해 사는 사람을 만족시킬 만큼의 친밀성은 없다. 자기 평판을 위해 사는 사람을 만족시킬 만큼의 인정은 없다. 예수님의 말씀인즉 우리 모두의 가슴속에 있는 갈증을 풀어줄 만한 것은 이 세상 어디에도 없다는 것이다.

이 때문에 인생의 성공이 너무나 자주 그리고 너무나 놀랍도록, 지루함과 깊은 불안으로 귀결될 수 있는 것이다.

만일 우리가 마침내 꿈꾸었던 목적지에 도달한다면, 잠깐
은 희열을 느낄지 몰라도 우리가 **정말로** 행복하려면 어딘
가로 약간 더 나가야 한다는 느낌이 든다.

증거는 우리 주변에 널려 있다. 우리가 이 점을 의심한다
면 아마 우리를 만족시킬 것으로 상상한 장소에 아직 도달
하지 못했기 때문일 것이다. 그러나 그런 장소에 도달한 사
람들은 똑같은 이야기를 들려준다. 그것으로 충분하지 않
다는 것이다. 무언가 더 많은 것이 필요하다. 터무니없이
많은 돈을 번 사람들, 또는 터무니없이 많은 사람과 동침한
이들, 또는 터무니없이 많은 학위와 자격을 딴 사람들, 그
리고 여전히 이보다 더 많은 것이 필요한 것처럼 느끼는 사
람들이 있다. 끝이 없다.

예수님이 그 이유를 보여주신다. 우리에게 이 세상에서
찾을 수 없는 어떤 것을 향한 갈증이 있다는 점은 우리가
이 세상 바깥의 어떤 것을 위해 창조되었음을 보여준다. 다
시금, C. S. 루이스가 정곡을 찌른다.

우리가 만일 이 세상의 어떤 것도 만족시킬 수 없는 욕망이 있
는 것을 발견한다면, 가장 그럴듯한 설명은 우리가 또 다른 세

상을 위해 창조되었다는 것이다.[34]

이것이 바로 예수님이 말씀하시는 것이다. 그분은 우리의 마음과 영혼이 갈망하는, 이 세상 바깥에서 온 어떤 것을 제공하기 위해 오셨다는 말씀이다.

이것이 바로 예수님이 소유하고 있다고 주장하면서 우물가의 외로운 사마리아 여인에게 제공하려고 하는 것이다. 그런데 대화 도중에 뜬금없이 ― 우리의 귀에는 무례하게 들린다. ― 그녀에게 남편을 데려오라고 하신다. 그녀는 남편이 없다고 대답한다. 이는 마치 누군가의 아기가 언제 태어날 것인지 물었는데 아뿔싸 그녀가 임신하지 않은 것을 알게 되는 것처럼 거북한 대화이다. 그러나 예수님은 자기가 행하고 있는 일을 알고 계신다. 조심스럽게 그녀의 마음이 그동안 무엇을 신뢰하고 있었는지를 밝히 드러내고 계시는 것이다.

여자가 대답하여 이르되 나는 남편이 없나이다. 예수께서 이

---

34. C. S. Lewis, *Mere Christianity* (Macmillan, 1956), p 20. 『순전한 기독교』(홍성사)

르시되 네가 남편이 없다 하는 말이 옳도다. 너에게 남편 다섯

이 있었고 지금 있는 자도 네 남편이 아니니 네 말이 참되도다.

(요한복음 4:17~18)

예수님은 모든 것을 알고 계셨다. 이는 초자연적인 통찰

력이었던 것 같다. 그분이 이 고통스런 문제를 제기한 것은

잔인하기 때문이 아니라 그녀에게 이 생수를 얻을 수 있음

을 보여준 만큼 이에 대한 그녀의 구체적인 욕구를 드러내

고 싶었기 때문이었다.

그녀는 결혼을 다섯 번이나 했다. 현재 새로운 남자와 함

께 살지만, 그는 이 단계에서는 그녀의 남편이 아니다. 왜

이 문제를 끄집어내는 것일까? 왜냐하면 이 지점이 생수에

대한 그녀의 욕구가 가장 뚜렷이 나타나는 곳이기 때문이

다. 이 남자들은 그녀가 자신의 영혼의 갈증을 풀려고 시도

했던 방식이었다. 매번 그녀는 어쩌면 이 남자가 만족을 선

사할 사람일지 모른다고 생각하곤 했다. 다섯 번은 그렇게

되지 않았지만 어쩌면 여섯 번째가 그 사람일지 모르지 않

는가?

이는 비극적인 이야기다. 인간관계에서 그녀의 속 깊은

만족을 찾으려던 모든 시도는 명백히 실패하고 있었다.

그런데 우리는 다른 무언가를 염두에 둘 필요가 있다. 고대 세계에서 이혼을 주도할 수 있는 사람은 여자가 아니라 남자였다. 그 실패한 결혼은 각각 그녀가 아니라 남자의 선동으로 끝장났다. 그래서 우리는 남자들이 그녀에게 충분하지 않을 때 그들을 거듭 내친 것이 그녀라고 생각하면 안 된다. 바로 **그 남자들**이 결혼 관계를 끝낸 것이다. 그녀의 생애에 다섯 차례에 걸쳐 남자가 그녀를 더는 결혼 배우자로 원치 않는다고 결정했다는 뜻이다. 이에 대해 생각해보라. **다섯 차례나**. 그처럼 배척받은 상처는 우리가 도무지 헤아릴 수 없다.

이 두 가지, 즉 그녀가 인간관계를 통해 궁극적 만족을 찾고 있었다는 점과 그녀가 연속적으로 배척당했다는 점은 서로 무관하지 않을 것이다. 사실 우리가 누군가와 결혼하되, 또는 누군가와 함께하되, 이 사람이 나를 충족시킬 것으로 생각한다면 우리는 함께 살기가 무척 어려운 사람일 것이다. 우리가 만일 또 다른 인간이 우리 삶에서 그만한 목적과 의미를 채울 수 있을 것으로 기대한다면, 그것은 그 사람에게 감당할 수 없는 짐을 지우게 될 것이다. 우리가 우리의 관계에 더 많은 압력을 가할수록 우리는 그 관계를 잃을지 모른다는 두려움을 더 많이 느끼고, 그 관계에 침범하는 다른 사람을 더 많이 질투하게 되고, 그 관계가 제대로 작동하지 않으면 더 많이 분개하고, 그 관계에 대한 잠재적 위협에 더 많은 편집증을 보이게 된다. 그런즉 그 남자들이 그 사마리아 여인에게 충분하지 않은 것만이 아니고 그녀 또한 그들에게 너무 버거웠을 것이다.

그런즉 그녀에게는 두 가지 필요가 있다. 그녀의 기대에 부응하고 비현실적 욕구를 채워줄 수 있는 누군가를 찾을 필요만 있는 것이 아니다. 그녀는 또한 그녀를 이용하거나 배척하지 않을 누군가를 찾을 필요도 있다. 이는 그녀가 그녀의 욕구의 모든 무게를 견딜 수 있되 이 짐에 압도되지 않을 누군가를 찾을 필요가 있다는 뜻이다. 예수님에 따르면 바로 그 사람이 현재 그녀 앞에 서 있다. 예수님이 누군지를 그녀가 알았다면 그녀는 **그에게** 생수를 구했을 것이다.

대화가 진행되면서 예수님은 그의 요점을 되풀이하신다.

아버지께 참되게 예배하는 자들은 영과 진리로 예배할 때가

오나니 곧 이 때라 아버지께서는 자기에게 이렇게 예배하는 자들을 찾으시느니라. (요한복음 4:23)

하나님은 사람들과 마음이 통하는 관계를 구하고 계신다. 이것은 분명히 깊은 사안이라 우리가 이해하기 어렵다. 예수님의 말씀을 듣던 그 사마리아인에게는 확실히 그렇다.

여자가 이르되 "메시야 곧 그리스도라 하는 이가 오실 줄을 내가 아노니 그가 오시면 모든 것을 우리에게 알려 주시리이다." (요한복음 4:25)

예수님은 그녀에게 할 말이 하나 더 있었다. 그리고 그 말은 그녀의 인생을 송두리째 바꾸게 될 것이었다.

예수께서 이르시되 "네게 말하는 내가 그라" 하시니라. (요한복음 4:26)

바로 이것이다. 단 한 편의 짧은 문장. 그런데 문장들조차 인생을 바꿀 수 있고, 이 문장이 그녀의 인생을 완전히 뒤집고 말았다.

예수님은 자기가 바로 그녀가 그토록 고대하며 기다리던 인물이라고 말씀하신다. 그는 사람들에게 모든 것을 알려줄 바로 그분이다. 실은 예수님이 바로 이런 일을 하고 계셨다. 그는 그녀에게 하나님이 그녀를 위해 선물을 갖고 계시다고 말해주고 있었다. 그 모든 무의미한 삶, 무언가를 애끓도록 찾던 인생에 대한 해답이 될 그 선물이다. 그는 그녀에게 영혼 속의 평안과 만족을 위해 생수가 필요하다는 것을 보여주고 계셨다. 그는 하나님이 예배하는 자를 찾고 계시다는 것을 설명하고 있었다. 그녀조차 그 대상이었다. 이 모든 것을 예수님이 그녀에게 활짝 열어주고 계셨다.

그러나 이 마지막 말이 구체화하는 다른 무언가가 있다. 그녀가 그 쟁점을 피하려 했을지 몰라도 예수님은 그녀를 그녀 자신에게 열어주고 계셨다. 그는 그녀를 이해했다. 그는 그녀의 인생 궤도와 그녀 속의 목마른 느낌을 설명해주었다. 그녀는 한 남자에게서 궁극적인 만족을 찾고 있었다. 그녀에게 정말 필요한 바는 오직 예수님만 제공할 수 있는 것이다. 바로 **생수**이다.

갈증 해소

우리는 이 점을 알 필요가 있다. 우리 문화에서 다수는 섹스나 낭만적 만남을 통해 우리 영혼의 갈증을 해소하려고 노력한다. 그래서 섹스가 우리에게 그토록 중요한 것이다. 그것이 우리에게 필요하다고 느낀다. 이 때문에 우리는 기독교와 같은 신념 체계, 곧 우리가 누구와 동침할지에 제약을 가하는 그런 체계에 대해 매우 신중한 것이다. 그러나 성적 성취나 낭만적 성취에서 우리의 궁극적 만족을 구하는 것은 이 세상의 소금물을 계속 마시는 것이다. 그것은 결코 우리의 갈증을 해소하지 못할 것이다. 그 어떤 인간관계나 성적 체험도 결코 충분하지 못할 것이다.

그러면 예수님의 생수는 실제로 어떻게 작동하는가? 그는 진정 무엇에 관해 말씀하고 계시는가?

예수님은 궁극적으로 자신의 죽음에 관해 얘기하고 계신다. 사마리아 여인이 그 만남 이후 그분을 떠날 때는 극적으로 변화된 상태이다. 우리가 그녀를 처음 만났을 때는 그녀가 목마른 추방자로서 사람들을 피할 만한 시간대에 물을 길으려고 우물로 가는 중이었다. 그러나 그녀가 예수님을 만난 후 마을로 향할 때는 무척 달라졌다. 이제는 사람들에게 예수님에 관해 말해주려고 마을로 돌아가는 것이다. 예전에는 그들이 그녀를 멀리했고 그녀는 그들을 회피했었다. 지금은 그녀가 그들을 찾고 그들은 그녀의 말에 설득되어 그녀를 따라 예수님을 만나러 온다(30절). 이는 완전한 역전이다.

그리고 자세히 말하는 대목에서 또 다른 변화를 보게 된다. 그녀가 떠나려고 일어섰을 때, 요한은 그녀가 물동이를 우물가에 버려두고 그것을 갖고 가지 않았다고 한다(28절). 정작 그녀는 우물에 물을 길으려고 왔었는데 지금은 그 목적을 잊어버린 것이다. 그녀는 더는 목이 마르지 않았다.

예수님은 어떻게 그녀에게 이런 변화를 초래할 수 있었을까?

그분이 그의 죽음 안에서 겪었던 일들이 말해준다. 그분은 그의 죽음 안에서 궁극적 추방자가 되었고, 그의 대적의 표적이 되었고, 그의 가족의 오해를 받았고, 당국의 짓눌림을 받았고, 그의 친구들에게 버림받고 하나님에게서 소외된 채 "나의 하나님, 나의 하나님, 어찌하여 나를 버리셨나이까?"(마가복음 15:34)라고 부르짖었다.

그분은 또한 죽음 안에서 영적인 갈증을 체험하셨다. 처음으로 이전에는 결코 경험하지 못한 결핍, 곧 하나님 안에서 무언가 결핍되어 있음을 느꼈다. 그는 영혼의 궁극적 갈증을 경험하면서 앞서 이 여인에게 제공했던 그 생수에 대한 목마름을 느낀 것이다. 그는 십자가에서 "내가 목마르다"라고 외치셨는데, 이는 신체적 고통의 징표일 뿐 아니라 그가 거치고 있던 더 깊은 영적 고뇌의 징표이기도 했다.

왜 그런가? 그분이 우리의 자리를 취했기 때문이다. 우리가 하나님에게 배척당해야 마땅한데 그분이 배척당한 것은 우리가 하나님과의 관계 속으로 들어갈 수 있게 하기 위해서다. 우리의 영적 메마름에서 이어지는 영적 갈증을 그분이 체험한 것은 우리가 참으로 갈망하고 우리에게 가장 필요한, 영혼을 만족시키는 하나님과의 교제라는 생수 속에 흠뻑 젖도록 하기 위해서다.

예수님은 무엇을 제공하시는가?

다음은 예수님의 생수를 받는다는 말의 의미이고, 이는 세 가지 사항으로 이어진다.

첫째는 우리가 하나님에게 알려지고 사랑받고 있음을 깨닫는 것이다.

우리는 누군가에게 알려지고 사랑받기를 갈망한다. 이 때문에 낭만적이고 성적인 경험이 우리에게 그토록 중요한 것이다. 그런데 종종 우리는 둘 중 하나를 선택하도록 강요받는다. 완전히 사랑을 받거나 완전히 알려지는 것 중 하나를 선택하라고 한다. 이 둘은 종종 긴장 가운데 있다.

우리가 이 세상에서 직면하는 문제는 우리가 더 많이 알려질수록 더 적게 사랑받을지 모른다는 염려이다. 사람들이 정말로 우리를 안다면 우리를 사랑하지 않을 것이라고 우려한다. 그리고 우리를 가장 사랑하는 이들은 우리를 잘 모르기 때문일 뿐이라고 생각한다. 우리는 사람들에게 보이는 이미지와 행동을 적당하게 손질한다. 이렇게 사는 것은 무척 피곤하다.

이것이 바로 과거에 사마리아 여인에게 일어났던 일이다. 그녀를 가장 친밀하게 알았던 남자들이 그녀를 버렸었다. 그녀의 공동체도 그녀를 추방했었다. 그러나 예수님은 그렇게 하지 않았다. 그분이 우물가에서 그녀를 보았을 때 역겨움에 뒤로 물러서지도, 주변에 머물면서 그녀를 책망하지도 않았다. 그는 그녀와의 관계를 주도했다. 그리고 그녀에게 정이 떨어질 만큼 그녀를 잘 알지 못했기 때문도 아니었다. 그는 이미 그녀의 이야기와 결점 등 전부를 알고 있었다. 그는 그녀를 그토록 깊이 알고 있음에도 불구하고 사랑으로 그녀에게 다가왔다.

뮤지컬 「디어 에반 핸슨」(*Dear Evan Hansen*)은 2016년 브로드웨이에서 처음 공연되었고 많은 상을 받았으며 베스트셀러 소설로 출판되었다. 주인공 에반 핸슨은 타인과 관계를 맺지 못해 고심하는 바람에 (치료사의 제안으로) 만사가 괜찮아질 것이라는 내용으로 그 자신에게 편지를 쓴다. 또 다른 대학 친구는 그 편지를 발견하고 그를 조롱하게 된다. 그러나 이 학생이 자살하고, 그의 부모는 그에게 그 편지가 있는 것을 보고 그가 핸슨에게 쓴 편지로 생각하며 두 사람이 깊은 관계를 맺었었다고 추정한다. 에반 핸슨은 고민하던 친구를 사귀고 그의 유일한 지지자가 되었던 것처럼 보여 갑자기 사람들의 주목과 칭송을 받게 된다. 처음으로 그는 타인, 특히 그 죽은 학생의 가족과 관계를 맺는 자신을 발견한다. 그런데 그 모든 것은 거짓말에 바탕을 둔 것이고, 이 사실은 마침내 밝혀지게 된다.

핸슨이 절망에 빠진 중요한 순간에 그의 어머니가 그에게 "나는 너를 사랑한다"고 말한다. 그는 "어머니는 나를 알지도 못해요. 아무도 몰라요"라고 응답한다. 이어서 그녀는 "나는 너를 알고 또 사랑한다"고 대답한다. 내가 몇 달 전에 그 뮤지컬을 보았을 때 눈물을 흘리지 않는 사람이 없었다. 놀랄 만큼 강력한 힘을 발휘했다. 우리는 모두 깊이 알려지는 동시에 깊이 사랑받고 싶은 갈망이 있다.

그 뮤지컬의 표제가 "당신은 발견될 것이다"이다. 이는 사마리아 여인의 이야기를 요약해준다.

예수님은 그녀를 알았다. 그는 그녀가 자신을 아는 것보다 그녀를 더 잘 알았다. 그리고 그는 그녀를 사랑했다. 그는 그녀에게 손을 내밀었다. 그리고 그 자신의 생명을 생수로 제공했다. 예수님은 우리를 가장 잘 알면서도 가장 깊이 사랑하신다.

예수님이 원하시는 것

둘째, 예수님이 이런 일을 하시는 것은 의무감 때문이 아니라 우리가 그분을 알기를 바라시기 때문이다.

예수님의 제자들은 점심을 구하려고 마을로 갔다가 마침내 그분에게 복귀한다. 그들은 돌아와서 예수님이 배가 고프지 않은 것 같아 혼란스러워 한다. 그래서 예수님이 설명해주신다.

"내게는 너희가 알지 못하는 먹을 양식이 있느니라." (요한복음 4:32)

그들이 여전히 혼란스러워하자 그분이 이렇게 설명하신다.

예수께서 이르시되 "나의 양식은 나를 보내신 이의 뜻을 행하며 그의 일을 온전히 이루는 이것이니라." (요한복음 4:34)

예수께서 이 말씀을 하는 시점은 많은 사마리아인이 그 사마리아 여인의 말에 설득되어 그분을 찾으러 오는 때였다. 이것이 바로 그 일이다. 그들 중 다수는 곧 예수님을 믿게 되고(39절), 예수님 안에서 그분이 그 여인에게 제공하셨던 바로 그 생수와 영혼의 만족을 발견하게 된다. 이것이 바로 예수님이 세상으로 보냄을 받은 이유이다. 이것이 아버지께서 그에게 행하도록 하신 일이다.

그리고 예수님은 이 일을 하는 것, 즉 다른 이들을 위해 자신을 쏟아붓는 것이 그에게 양식이 된다고 말씀하신다. 그래서 그분은 점심에 대한 욕구에 대해 더는 생각하지 않는 것이다. 그분이 제공할 참된 물은 우물에서 찾을 수 없고, 그분을 위한 참된 양식은 슈퍼마켓에서 찾을 수 없다.

예수님은 우리에게 가까이 오시고 우리를 아버지께로 인도하는 것에 관해 이렇게 생각하신다. 우리의 만족감은 그 어떤 성적 공상이나 낭만적 공상의 실현에서 찾는 게 아니라 그분께 나아오는 데서 찾을 수 있는 것이다. 그리고 그분의 만족은 우리를 하나님께로 이끄는 데 있다.

우리 자신을 바라보는 것

셋째, 예수님의 사랑은 우리가 우리 자신을 바라보는 방식을 완전히 바꿔놓는다.

그 여인은 예수님을 만난 후에 "내가 행한 모든 일을 내게 말한 사람을 와서 보라. 이는 그리스도가 아니냐?"(29절)

라고 말했다. 그녀는 예수님을 만남으로써 이전에는 결코 이해할 수 없었던 자신을 비로소 이해하게 된다. 이제는 자신을 다른 빛에 비추어 보게 된 것이다.

그 여인만 그랬던 것이 아니다. 이 복음서와 이 기록의 저자인 요한 역시 예수님을 안 결과 자신에 대한 견해가 완전히 바뀌었다. 요한은 복음서에 자신이 등장하는 몇 군데에서 스스로를 "예수님이 사랑한 제자"라고 부른다. 그는 마치 자신이 다른 제자들보다 예수님의 사랑을 더 받았던 것처럼 밉살스럽게 표현한 것이 아니다. 내가 보기에는 경이감에 차서 그렇게 표현한 것 같다. 즉, 예수님이 그 자신을 사랑한다는 사실을 도무지 건너뛸 수 없다는 뜻에서 말이다.

우리는 우리의 정체성을 우리가 가장 사랑하는 대상 안에서 찾는다. 이 때문에 성(性)이 우리의 정체성에 그토록 강력한 영향을 미치는 것이다. 우리가 경험하는 매력의 종류, 우리가 매력을 느끼는 사람의 종류가 바로 우리 자신이 누군지를 이해하는 열쇠가 된다. 성 정체성은 서양 사회에서 강력한 힘이 되었다. 우리는 흔히 사람들이 자신을 가장 잘 묘사하는 성 정체성에 대한 기본권이 있다고 생각한다.

우리는 성을 자기 이해의 기초로 삼은 것이다. 그러므로 성적 행위는 자기표현의 일차적 수단이 되고 말았다. 성적 행위를 제한하는 것은 누군가가 그 본연의 정체성을 갖지 못하게 하는 것이다.

그러나 이것은 문제가 많은 사고방식이다. 만일 우리의 정체성이 우리의 성적 욕망과 낭만적 욕망에 있다면, 우리가 온전히 우리 자신이 되려면 우리의 성적 욕망이 채워질 필요가 있다고 말하는 셈이다. 당신이 본연의 자신이 되는 것은 성적으로 또 낭만적으로 충만한 삶을 영위하는 능력에 달려 있다는 것이다.

이런 견해의 문제점은 이런 것이 없는 삶은 살 만한 가치가 없다고 생각하게 한다는 것이다. 그래서 어떤 이유로든 자신의 성적 욕망을 채울 수 없는 이들은 그들의 본연의 모습을 찾는 유일한 기회를 잃어버리게 된다. 이런 메시지가 누군가에는 심한 손상을 입힐 수 있다는 것을 알 필요가 있다. 이는 매우 위험천만한 생각이다. 누군가에게 그 사람이 동침하는 상대방이 자기표현의 일차적 수단이라고 말하는 것은 성욕이 충족되지 않는 삶은 진정한 삶이 아니라고 암시하는 것이다. 이런 압력은 성을 자신의 핵심

정체성으로 삼도록 격려받는 이들이 느끼는 정서적 압력에 더해질 뿐이다.

요한은 이에 대한 더 나은 사고방식을 제시해준다. 그는 자신의 궁극적 정체성을 자기가 가장 사랑하는 사람에게서 찾지 않는다. 그는 자신의 궁극적 정체성을 자기를 가장 사랑한 분에게서 찾는다. 바로 예수님이다.[35] 하나님이 우리가 누구랑 자는지에 관심이 있는 이유는 무익하게도 우리가 거기에 우리의 정체성을 왕창 투입했기 때문이다.

이것이 무엇보다도 바로 우리를 규정짓고 우리를 설명할 수 있는 그 사랑이다. 이것이 가장 중요한 사랑이다. 이 모든 것은 우리의 생각만큼 우리가 사랑을 제대로 이해하지 못했음을 보여줄 것이다. 이제 이 주제를 살펴보자.

---

35. 이 통찰력을 제공해준 조조 루바에게 감사한다.

사랑으로 충분하지 않은가?

9장

정치 드라마 「웨스트 윙」(*The West Wing*)은 백악관에서 일하는 보좌관들의 삶을 다루었다. 주요 인물은 날마다 대통령을 둘러싸고 있는 자문 위원들, 부관들, 그리고 커뮤니케이션 팀이다. 한 에피소드에서는 대통령이 두 번째 임기를 위해 재선에 도전하는 초기 단계에 있다. 야당에서 선두주자가 등장했는데, 어느 날 무엇 때문에 대통령이 되고 싶은가 하는 질문을 받는다. 그가 내놓은 일관성 없는 엉성한 답변에 백악관 보좌진이 기뻐한다.

내가 출마하는 이유는 한 나라로서 이 나라에 대한, 그리고 한 국민으로서 이 국민에 대한 큰 믿음이 있고, 이 믿음은 이 나라를 최대의 자연 자원과 인구와 교육받은 국민을 갖춘 국가로 만들어줄 것이기 때문이다.[36]

그러나 보좌진 중 하나가 그들은 동일한 질문에 대한 좋은 답변이 있는지 묻고, 그들에게 그런 답변이 없다는 것을 깨닫기 시작하는 순간 그들의 기쁨이 금방 사라진다. 사실 좋은 답변을 떠올리는 일은 매우 어렵다. "왜 당신은 대통령이 되고 싶은가?"라는 질문은 대답하기 쉬워 보여도 실제로 대답하려면 그렇지 않다.

당신은 아마 그 질문에 대답하려고 애쓰지 않아도 될 것이다. 그 대신 "사랑이란 무엇인가?"라는 질문은 어떤가?

이 질문 역시 너무 자명하게 보여서 굳이 그것에 관해 생각할 필요가 없는 듯하다. 우리가 멈추고 그것에 관해 생각하는 순간에야 전혀 자명하지 않다는 것을 깨닫는다.

---

36. "Gone Quiet," *The West Wing*, Season 3, Episode 7.

우리가 아는 것과 모르는 것

우리는 사랑에 관해 너무 많이 알아서 우리가 얼마나 모르는지를 깨닫지 못한다.

우리는 사랑이 중요하다는 것은 안다. 사랑 없이 살 수 없다는 것도 안다. 이는 직관적인 지식이라서 우리는 굳이 멈추고 왜 그런지 생각하지 않는다. 그냥 그렇다. 우리의 세계관이나 정치나 신념 체계나 문화적 배경이 무엇이든 간에 우리는 인생은 곧 사랑의 문제라는 것을 알고 있다. 사랑이 삶을 움직이는 원동력이다. 사랑이 없으면 다른 모든 것은 그 의미와 목적을 잃어버린다고 우리는 느낀다. 어떤 유명 인사가 엄청난 부자라도 너무나 외롭다는 기사를 읽으면, 그 재산이 그런 대가를 지불한다면 별로 가치가 없다는 것을 우리가 안다. 어떤 사람이 굉장히 성공했으나 그 과정에서 많은 사람을 짓밟고 그렇게 되었다는 것을 우리가 알면 성공보다 더 중요한 것들이 있다고 느끼게 된다.

이는 논쟁의 여지가 없지만 다른 어떤 것도 그만큼 명백하다. 우리는 사랑이 무엇인지 꼭 집어서 말하기가 어렵다는 것을 안다. 사랑이 존재한다는 것도 안다. 사랑이 굉장히 중요하다는 것도 안다. 우리는 사랑이 필요하고 사랑 없이 살면 안 된다는 것도 안다. 그러나 사랑이 무엇인지를 설명하는 것은 지극히 어렵다.

이 점은 정말로 중요하다. 우리가 섹스에 관해 생각할 때는 흔히 섹스가 사랑의 문제라는 가정에 기반을 둔다. 우리 문화에서 결혼의 정의 또는 섹스에 관한 기독교 신념과 같은 이슈들을 놓고 논의를 할 때는 토론이 "당신은 사랑을 규제할 수 없다" 또는 #Loveislove 와 #Equallove와 같은 해시태그를 중심으로 맴돌곤 한다. 사랑이 이 모든 것의 핵심이다. 당신이 만일 사랑에 반하는 것처럼 보이면 이미 논쟁에 패배한 것이다. 그리고 (이런 이해에 따르면) 섹스는 곧 사랑이기 때문에 성적 자유를 박탈하는 듯 보이는 것은 무엇이든 무정하다고 비난을 받는다.

그런데 우리는 우리가 무엇에 관해 얘기하는지 알고 있다고 생각한다. 그리고 우리가 사랑이 무엇인지에 대해 **불분명하다**는 점이 밝혀진다면, 이런 주장은 별로 의미가 없다. 사실 사랑에 대한 우리의 견해가 순전히 주관적인 것으로 판명된다면 우리의 생각은 근거가 별로 없는 셈이다. 우리가 누구랑 자는지가 중요하다면, 우리가 그것에 관해 어떻게 생각하는지는 탄탄한 근거가 필요하다.

우리는 실제로 곤경에 빠져 있다. 우리는 사랑이 중요하다는 것만큼 알고 있지만, 사랑이 무엇인지는 잘 모르고 있다. 사랑이 중요한 것은 확실하다. 그러나 사랑은 파악하기가 어렵기도 하다. 이는 마치 옛 도로 지도에 커피가 쏟아져 목적지가 지워지는 바람에 그곳을 찾으려고 애쓰는 것과 같다. 당신이 거기에 가야 한다는 것은 알아도 그 장소가 어딘지를 잘 모르고 있는 셈이다.

그래서 이제 성경이 사랑에 관해 말하는 몇 가지 기본 사항을 살펴보자.

1. 사랑은 정말로 중요하다

성경에서 가장 유명한 본문 중 하나는 사랑에 관한 시(詩)이다. 성경을 잘 모르는 사람들도 아마 들어본 적이 있을 것이다. 이는 일종의 아이콘이 되었다. 버락 오바마 전 대통령은 취임 연설에서 그 일부를 인용한 바 있다. 수많은 결혼식도 그 시를 낭독하곤 했다. 영국 총리 토니 블레어는 1997년 다이애나 공주의 장례식에서 그 시를 읽었다. 롤링 스톤즈는 그 시를 각색했고, 매클모어의 히트 송인(LGBT 권리 송가로도 사용되는) 「똑같은 사랑」(*Same Love*)은 그 일부를 인용한다.

그 본문은 이렇게 시작된다.

내가 사람의 방언과 천사의 말을 할지라도 사랑이 없으면 소리 나는 구리와 울리는 꽹과리가 되고, 내가 예언하는 능력이 있어 모든 비밀과 모든 지식을 알고 또 산을 옮길 만한 모든 믿음이 있을지라도 사랑이 없으면 내가 아무 것도 아니요. 내가 내게 있는 모든 것으로 구제하고 또 내 몸을 불사르게 내줄지라도 사랑이 없으면 내게 아무 유익이 없느니라. (고린도전서 13:1~3)

사도 바울은, 당신이 아무리 큰 감명을 줄지라도, 만일 당신에게 사랑이 없으면, 그 어느 것도 중요하지 않다는 것을 보여준다. 바울의 편지를 받는 크리스천들은 영적인 언어 내지는 방언을 말할 수 있다는 데 매료되어 있었다. 그래서 바울은 수준을 더 올린다. 당신이 천사의 말을 할 수 있다고 추정하면 어떨까? 그 얼마나 멋진 일일까? 그러나 사랑이 없으면 그것은 아무것도 아니다. 그저 울리는 꽹과리와 같다. 한밤중에 요란하게 울리는 자동차 경적과 같은 소음일 뿐이다. 사랑이 없으면, 이런 능력조차 전적으로 무용하다.

이는 우리가 지닌 지식에도 똑같이 해당한다. 당신이 "모든 비밀과 모든 지식"을 이해할 수 있다고 상상해보라. 당신이 인생에 관한 모든 큰 질문에 다 대답할 수 있다고 추정하면 어떨까? 그러나 다시금, 사랑이 없는 누군가의 지성에 담긴 그 모든 지식은 역시 가치가 없다. 바울은 **당신**이 아무것도 아니라고 말한다. 인격이 존재해야 하는 곳에 공간만 있을 뿐이다. 당신은 너무나 많은 것을 소유한 동시에 아무것도 아닐 수 있다. 마치 사랑이 없는 삶을 영위하는 과정 자체가 당신의 자아를 지우는 것과 같다. 이런 생각을 할 수 있다니!

그리고 사랑은 희생보다 더 중요하다. 바울은 당신이 어떤 고귀한 대의를 위해 행할 수 있는 매우 극적인 일들을 생각한다. 당신은 당신이 소유한 모든 것, 심지어 당신의 목숨조차 내어줄 수 있다. 그런데 이 모든 것을 사랑이 없이 행하는 것이 가능하다고 바울이 말한다.

그런즉 우리가 능력, 재능, 기술, 성공, 업적, 희생 등 무엇에 관해 얘기하든지 간에 사랑이 없으면 그 어느 것도, 아니 그 모든 것이 수포로 돌아간다. 사랑을 뺀 것은 아무 것도 아니다(anything - love=nothing). 이처럼 사랑은 필수이다.

사랑이 없는 삶은 전혀 삶이 아니다.

이제까지는 괜찮았다. 그런데 이제 약간 더 어려워지기 시작한다.

2. 우리는 사랑이 많은 사람들이 아니다

바울은 이 본문의 다음 대목에서 사랑을 묘사하기 시작한다.

사랑은 오래 참고 사랑은 온유하며 시기하지 아니하며 사랑은 자랑하지 아니하며 교만하지 아니하며 무례히 행하지 아니하며 자기의 유익을 구하지 아니하며 성내지 아니하며 악한 것을 생각하지 아니하며 불의를 기뻐하지 아니하며 진리와 함께 기뻐하고 모든 것을 참으며 모든 것을 믿으며 모든 것을 바라며 모든 것을 견디느니라. (고린도전서 13:4~7)

바울은 긍정적인 언어와 부정적인 언어를 모두 사용한

다. 그래서 우리는 사랑이 무엇인지와 사랑이 무엇이 아닌 지를 보게 된다. 부정적인 비교법을 사용하면 사안이 종종 매우 명료해진다. 바울의 결론은 이렇다. "모든 것을 참으며 모든 것을 믿으며 모든 것을 바라며 모든 것을 견디느니라." 사랑은 변덕스럽거나 덧없는 면이 없다. 일관성이 있고 의존할 만하다. 늘 머물러 있다.

우리는 아마 사랑에 관한 이 짧은 진술들에 대해 이의가 없을 것이다. 다수는 상식처럼 보이고, 너무 뻔해서 굳이 말할 필요가 없는 듯하다. 그러나 이 진술들을 다 함께 묶으면 누적 효과가 있다. 바울은 사랑이 단순한 행동 이상임을 보여준다. 사랑은 또한 단순한 감정 이상이기도 하다.

우리가 바울의 글을 전반적으로 되돌아보면 무언가 불편하고 불가피한 것이 분명해지기 시작한다. 우리는 정말로 이런 모습이 아니다. 우리는 사랑을 원하고 사랑을 인정하고, 우리는 사랑을 높이 평가하고 기뻐한다. 그러나 우리는 사랑하는 일에 서툴다.

내가 보여주겠다. 사랑을 묘사하는 이 글을 다시 살펴보라.

사랑은 오래 참고 사랑은 온유하며 시기하지 아니하며 사랑은 자랑하지 아니하며 교만하지 아니하며 무례히 행하지 아니하며 자기의 유익을 구하지 아니하며 성내지 아니하며 악한 것을 생각하지 아니하며 불의를 기뻐하지 아니하며 진리와 함께 기뻐하고 모든 것을 참으며 모든 것을 믿으며 모든 것을 바라며 모든 것을 견디느니라.

이제 사랑이란 단어에 당신의 이름을 넣어보고 어떻게 들리는지 보라. 내 이름을 넣으면 이렇게 된다.

샘은 오래 참고 샘은 온유하며 시기하지 아니하며 샘은 자랑하지 아니하며 샘은 교만하지 아니하며 샘은 무례히 행하지 아니하며 샘은 자기의 유익을 구하지 아니하며 샘은 성내지 아니하며 샘은 악한 것을 생각하지 아니하며 샘은 불의를 기뻐하지 아니하며 샘은 진리와 함께 기뻐하고 샘은 모든 것을 참으며 모든 것을 믿으며 모든 것을 바라며 모든 것을 견디느니라.[37] [영어 본문에 따라 주어(샘)를 일부러 많이 넣었다: 역주]

---

[37] 영국의 설교자 딕 루카스를 통해 이 통찰을 처음 접했다.

솔직히 말해 별로 좋게 들리지 않는다. 나를 조금이라도 아는 사람은 이 글을 읽고 큰 소리로 웃고 말 것이다.

당신은 어떤가? 더 낫게 들리는가?

이것이 실은 이 본문의 요점이다. 바울은 우리 모두가 사랑에 대해 놀랍게 느끼도록 감화를 주려는 것이 아니다. 실은 우리가 사랑이 부족한 존재임을 보여주려고 애쓰고 있다.

여기에 고통스러운 아이러니가 있다. 우리는 사랑을 믿는다. 그러나 우리는 우리의 생각만큼 사랑하는 존재가 아니다. 사실은 (정직하게 말하면) 사랑이 별로 없는 사람들이다.

C. S. 루이스가 쓴 한 사이언스 픽션에서 주인공 랜섬이 다른 유성에서 온 천사를 만난다. 랜섬은 이 만남이 그에게 미친 영향을 묘사한다.

나는 그 피조물이 우리가 "선하다"고 부르는 존재라고 확신했지만 내가 생각했던 만큼 내가 "선"을 좋아하는지 확신하지 못했다. 이는 매우 끔찍한 경험이다. 당신이 두려워하는 것이 무언가 악한 것인 한, 당신은 선한 것이 와서 당신을 구출할 것을 여전히 바랄 수 있다. 그런데 당신이 선한 것을 만나도 고심하다가 그것 또한 두렵다는 것을 알게 된다고 추정하면 어떨까? 만일 식품이 당신이 먹을 수 없는 것으로, 집이 당신이 살수 없는 곳으로, 그리고 당신을 위로하는 사람이 당신을 불편하게 한다고 판명된다면 어떨까? 그러면 분명히 구출이 불가능해진다. 최후의 카드를 꺼냈기 때문이다. 일이 초 동안 나는 그런 상태에 있었다. 여기에 마침내 이 세상 저편에서 온 저 세상, 즉 내가 사랑하고 갈망했다고 늘 생각했던 그 세상이 단편적으로 뚫고 들어와 내 감각에 나타났는데, 나는 그것을 좋아하지 않았고 그것이 떠나기를 원했던 것이다.[38]

사랑이 무엇인지를 발견하는 일에 대해서도 똑같이 말할 수 있다. 이는 바로 우리가 원하고 좋아할 것으로 생각했던 일이다. 하지만 우리가 사랑의 진면목을 알게 되면 우리가 생각했던 것처럼 편하지 않다는 것을 깨닫게 된다.

바울의 요점은 우리가 완전히 무정하다는 것이 아니다. 우리는 주변에서 아름답고 진정한 사랑의 행위를 본다. 그러나 우리는 우리의 생각만큼 사랑하는 일에 익숙하지 못

38.   C.S. Lewis, *Perelandra* (New York: Scribner, 2003), p 17. 『페렐란드라』 (홍성사)

하다. 우리가 바람직한 방식으로 사랑하는 것은 우리의 선천적인 성향이 아니다. 그래서 외부의 도움이 필요하다.

3. 우리는 하나님의 도움이 필요하다

많은 무신론자는 우리가 선하게 되는 데 하나님이 필요 없다고 주장하는데, 이는 충분히 이해할 만하다. 우리는 날마다 불신자들을 포함해 다양한 배경을 가진 사람들로부터 사랑과 친절을 선사 받고 있지 않은가. 큰 재난이 닥칠 때마다 항상 영웅적인 사랑과 이타적인 사랑이 베풀어지는 모습을 목격하게 된다. 아무도 이런 사람들이 하나님을 믿기 때문이라고 생각하지 않는다.

물론 우리에게 이런 기본 도덕이 있지만(성경도 이를 설명하고 있다), 우리가 사랑한다는 말의 뜻을 알려면 여전히 도움이 필요한 게 사실이다. 성경은 그 근거를 단 한마디로 표현한다. "하나님은 사랑이시다."

요한은 이렇게 말한다.

사랑하는 자들아 우리가 서로 사랑하자 사랑은 하나님께 속한 것이니 사랑하는 자마다 하나님으로부터 나서 하나님을 알고

사랑하지 아니하는 자는 하나님을 알지 못하나니 이는 하나님
은 사랑이심이라. (요한일서 4:7~8)

이 본문은 오해하기 쉽다. 내가 사랑으로 생각하는 모든
것을 하나님이 승인해야 한다는 뜻이 아니다. 앞으로 살펴
보겠지만, 우리는 온갖 강렬하고 심지어 해로운 감정을 사
랑으로 오해하기가 매우 쉽다. 하나님이 사랑에 대한 우리
의 이해를 자동적으로 지지한다고 생각하는 것은 사실상
이 본문을 거꾸로 뒤집어서 사랑은 하나님이라고 말하는
셈이다.

요한이 말하고 있는 바는 이것이다. 하나님은 사랑에 관
해 우리보다 훨씬 더 많이 아신다는 것, 그런즉 우리가 서
로를 잘 사랑하려면 그분의 말씀을 경청해야 한다는 것이
다. 즉, 우리가 하나님이 말씀하시는 것을 배우지 않고는
사람들을 최선의 방식으로 사랑할 수 없다는 뜻이다.

요한의 말인즉, 하나님은 사랑이시기 때문에 그분은 사
랑에 관해 더 많이 알고 계시다는 것이다.

이는 그저 하나님이 사랑을 잘하신다는 뜻이 아니다. 마
치 누구나 사랑하는 걸 시도할 수 있지만 하나님이 다른 모

든 이들보다 더 잘 사랑하신다는 뜻이 아니다. 몇 년 전 누군가 나에게 중국 장기를 소개한 적이 있다. 그런데 내가 그 장기를 잘 두었다. 내 친구는 물론 나에게도 놀라운 사실이었다. 그러나 이것이 하나님과 사랑에 관해 우리가 얘기하고 있는 내용이 아니다. 사랑이 하나님의 외부에 있는 것이고 그분이 어쩌다 사랑을 잘하신다는 뜻이 아니다.

그런 뜻이 아니다. 성경이 주장하는 바는 하나님은 사실상 사랑이시라는 것이다. 그분이 어느 날 사랑을 떠올린 것이 아니다. 그렇다면 어느 시점이 되기까지는 그분이 사랑을 보여주지 않았다는 뜻이기 때문이다. 하나님은 사랑이시라는 말은 사랑이 그분의 근본이라는 말이다. 사랑은 그저 그분이 행하는 어떤 것이 아니라(정말 그분이 사랑을 잘하시지만) 그분의 존재 그 자체이다. 하나님은 사랑의 불을 켜야 하거나 노력해야 사랑할 수 있는 분이 아니다. 사랑은 그의 마음에서 자연스레 흘러나온다.

그런즉 사랑은 하나님의 전문 기술이다. 그리고 우리가 타인을 사랑하는 법을 배우려면 그분의 도움이 필요하다는 뜻이다.

우리 대다수는 사랑하는 방법이 하나 이상 있다는 점과

상황에 따라 필요한 사랑의 유형이 다르다는 점을 알고 있다. 다음 진술들에 대해 생각해보라.

- 나는 나의 어머니를 사랑한다.
- 나는 나의 배우자를 사랑한다.
- 나는 나의 개를 사랑한다.
- 나는 소시지를 사랑한다.

각 진술은 동일한 단어를 사용하지만 우리는 본능적으로 그 대상에 적합한 방식으로 그 단어를 이해한다. 각각 사랑이 들어가지만 그 사랑들은 서로 다르다. 그것들은 **필연적으로** 다르다고 말해도 좋다. 배우자에 대한 사랑은 부모에 대한 사랑과 매우 다르게 보인다. 그리고 부모에 대한 사랑은 애완견에 대한 사랑과 매우 다르게 보인다. 우리는 이 점을 알고 있다. 그리고 이를 모르는 사람들은 결국 다큐멘터리의 주제가 되고 만다.

달리 말하면, 어떤 특정한 관계를 정당화하려고 #Loveislove란 슬로건을 사용하는 것은 부질없는 짓이다. 사랑은 다양한 형태가 있고, 주어진 상황에서 잘 사랑하는 것은 그 사랑들을 적절하게 조정하는 일을 포함한다. 우리가 그 사랑들을 합치거나 혼동하면 위험에 처한다.

이것이 우리에게 자명할 때가 있다. 사랑의 한 형태가 탈선해서 덜 적합한 다른 형태로 들어가는 것을 감지할 수 있다. 본래 우정으로 의도된 것이 선을 넘어 일종의 낭만적 관계로 진입하기 시작한다. 또는 우리가 불건전한 방식으로 부모에게 너무 의존적으로 되는 것을 감지한다. 또는 누군가 애완동물과 "인간적인" 동반관계를 맺으려 하는 것을 목격하게 된다. 이 때문에 우리는 하나님의 도움이 필요한 것이다. 그분은 우리에게 각각의 상황에서 어떤 사랑이 바람직한지를 보여주실 것이다.

그리고 그분이 우리에게 보여주시는 것이 우리가 떠올리는 어떤 대안보다 항상 더 사랑스러울 것이다. 하나님께 순종한다고 결국 우리가 사람들을 덜 사랑하게 되는 것은 아니다. 우리가 어떤 경우에 그렇게 느끼는 이유는 아마 누군가를 그릇된 방식으로 사랑하기 원해서일 것이다. 하나님은 우리에게 그들을 덜 사랑하라고 요구하기보다 그들을 **다르게** 사랑하라고 요구하시고, 이는 실제로 그들을 **더** 사랑하는 것을 의미하리라.

얼룩진 사랑

성경에는 이런 사랑을 보여주는 섬뜩한 실례가 있다. 사무엘하 13장에 암논이 의붓누이 다말을 강간하는 끔찍한 이야기가 기록되어 있다. 서두에 암논은 한 친구에게 "내가 아우 압살롬의 누이 다말을 사랑함이니라"(4절)라고 비밀을 털어놓는다. 이 말은 무심결에 무언가를 보여준다. 그는 그녀를 사랑한다고 말하지만, 이후의 사건은 그 말과 완전히 상충한다. 그는 단둘이 자기 방에 있을 방법을 찾는다. 그는 자기와 동침하도록 그녀에게 권하고, 그녀가 거절하자 그녀를 힘으로 눌러 강간하고 만다. 직후에 그는 그녀에 대한 미움으로 가득 차서 하인에게 **이것을 내 앞에서 내보내**라고 명령한다. 그는 그녀와 동침한 후 그녀에게 혐오감을 느낀다. 그녀는 완전히 사물로 취급받고 이제는 버림받을 처지에 놓인다.

이 이야기는 암논이 다말에 대한 사랑을 밝히는 것으로 시작된다. 그러나 만일 그가 진정으로 그녀를 사랑했다면 이런 기괴한 에피소드가 절대 발생하지 않았을 것이다. 물론 그에게는 그녀에 대한 강렬한 감정이 있었다. 그는 완전히 매혹되었다. 그러나 사랑의 힘으로 움직인 것이 아니었다.

이는 지극히 불쾌한 실례이지만 중요한 점을 보여준다. 우리의 감정은 사랑의 행위를 오해하게 만드는 무서운 길잡이가 될 수 있다.

C. S. 루이스는 언젠가 "사랑은 신이 되기 시작하는 순간 악마가 되기 시작한다"라고 쓴 적이 있다. 그는 이렇게 설명한다.

모든 인간의 사랑은 최고조에 달하면 스스로 신적 권위를 주장하는 경향이 있다. 그 목소리는 마치 하나님의 뜻인 것처럼 들리곤 한다. 그 사랑은 우리에게 비용을 계산하지 말라고 말하고, 다른 모든 주장을 억누르려고 하고, "사랑을 위해" 취한 모든 행동은 따라서 합법적이고 심지어 칭찬할 만하다는 생각을 은근히 주입한다.[39]

암논이 사랑으로 해석한 것은 확실히 신적 권위처럼 느

39. C.S. Lewis, *The Four Loves* (HarperCollins, 2002), p 7~8. 『네 가지 사랑』 (홍성사)

껴졌을 것이다. 이 때문에 우리는 계속 진행하려면 우리의 감정 이상의 것이 필요하다.

성경이 우리에게 누군가와는 동침하면 안 된다고 말하는 때가 많다. 예컨대, 두 남매가 서로에게 낭만적으로 끌리고 있다는 것을 인식하기 시작했다고 하자. 이는 성적 관계나 낭만적 관계를 맺을 적절한 맥락이 아니라고 성경이 분명히 말한다. 그러나 이는 그들이 서로 사랑할 수 없다고 말하는 것과는 다르다. 오히려 그들이 서로를 사랑하기 **원하는** 방식이 그들이 서로를 사랑하게끔 **설계된** 방식이 아니라는 말이다. 이 경우에 그들이 만일 하나님께 순종한다면, 그들은 낭만적 욕망을 완전히 발산하는 경우보다 서로를 훨씬 더 잘 사랑하게 될 것이다.

하나님과 함께하면 언제나 그럴 것이다. 누군가와 성적 관계를 맺는 적절한 시기에 관한 하나님의 제한은 언제나 당사자들에게 최선의 선택이 되도록 하는데 그 근거를 두고 있다. 이는 누군가를 더 잘 사랑하려면 우리가 그 사람에게 사랑을 표현하고픈 어떤 방식에 '아니오'라고 말할 필요가 있다는 것을 의미한다.

우리는 모두 다양한 시점에 이런 것을 경험하게 된다. 사실상 우리는 하나님이 우리에게 동침하지 말라고 말씀하시는 사람들에게 매력을 느끼는 우리 자신을 발견한다. 우리는 모두 어떤 낭만적 욕망과 성적 욕망에 대해 '아니오'라고 말해야 한다. 우리가 사랑에 반대하기 때문이 아니라 올바른 의미에서 사랑에 찬성하기 때문이다.

이처럼 긴장을 느끼는 순간에 우리는 과연 하나님은 그분이 무엇에 대해 말씀하시는지 알고 계실까 하는 의문이 든다. 여기서 사도 요한이 다시금 우리를 도울 수 있다. 그는 하나님은 사랑이시라고 말하기 조금 전에 이렇게 썼다.

그[예수 그리스도]가 우리를 위하여 목숨을 버리셨으니 우리가 이로써 사랑을 알고. (요한일서 3:16)

당신은 하나님이 정말로 사랑이심을 보여주는 증거를 원하는가? 그렇다면 예수님의 죽음을 보라. 정말이다. 당신이 그 죽음을 이해한다면 그보다 더 큰 사랑의 표현이 과거에 없었고 미래에도 없을 것임을 알게 된다.

하나님께서 우리가 서로를 사랑하도록 돕는 또 다른 방법이 있다.

한번은 예수님이 구약의 계명들 중 어느 것이 가장 중요한지 질문을 받았다. 당시에 유대인의 계산에 따르면 구약 성경에는 600개가 넘는 명령이 있다고 했다. 그래서 그 질문은 그 많은 명령 중에 어느 것이 가장 중요한지를 묻는 것이었다. 요점은 무엇인가?

예수님의 답변은 이렇다.

예수께서 대답하시되 첫째는 이것이니 이스라엘아 들으라 주곧 우리 하나님은 유일한 주시라. 네 마음을 다하고 목숨을 다하고 뜻을 다하고 힘을 다하여 주 너의 하나님을 사랑하라 하신 것이요. 둘째는 이것이니 네 이웃을 네 자신과 같이 사랑하라 하신 것이라 이보다 더 큰 계명이 없느니라. (마가복음 12:29~31)

예수님의 답변을 이루는 두 부분은 모두 구약에서 인용한 것이다. 예수님이 이 두 계명을 특별히 좋아하는 것으로 들어 올린다기보다는 그 계명들이 율법 전체를 구현한다고 말씀하신다. 하나님의 계명들은 서로 관련이 없는 난발된 요건들이 아니다. 그것들은 응집하고 통합되어 특정한 모양을 이룬다. 그것들은 하나님처럼 "하나"를 이룬다. 그 모양을 예수님이 두 계명으로 요약하는 것이다.

둘 다 사랑하라는 계명이다. 우리의 모든 것을 다해 하나님을 사랑하고 우리 자신을 사랑하듯이 우리 이웃을 사랑하라는 계명이다. 다시 말하건대, 하나님은 결국 사랑이시다. 이것이 그분이 우리에게 원하시는 바다. 우리는 사랑의 삶을 살도록 설계되었다. 궁극적 실재는 권위주의적인 신에 대한 차가운 복종이 아니라 그의 우주가 사랑으로 진동하길 원하는 하나님에 대한 진심 어린 반응에 그 근거를 두고 있다.

그런데 사랑의 이 두 차원이 함께 가는 것을 볼 필요가 있다. 양자는 서로를 강화하고 떠밀어주고 서로 의존한다. 둘은 우리를 각각 다른 방향으로 잡아당기지 않는다. 둘은 함께 간다.

따라서 우리는 하나님께 무관심하면서 타인에게 사랑을 베푸는 것을 옹호할 수 없다. 또한 우리가 타인을 대하는 방식에 소홀하다면 하나님을 사랑한다고 주장할 수 없다. 우리가 다른 인간들에게 행하는 일은 곧 하나님 그분의 형상에게 행하는 것이다. 우리가 누군가를 학대한다면 바로 하나님의 형상을 학대하는 셈이다. 이 때문에 다른 사람들에게 악행을 저지르는 것은 사실 하나님께 악행을 범하는 것이다.

그러나 거꾸로 뒤집어도 마찬가지다. 이 역시 무척 도전적이다. 타인을 사랑하려는 우리의 시도는, 만일 우리가 그들을 만드신 하나님과 관계가 없다면, 언제나 방해를 받을 수밖에 없다. 우리는 하나님을 향한 사랑 없이 우리 이웃 사랑에 완전히 성공할 수 없다. 예수님이 율법을 요약하신 것이 이중적인 이유는 두 요소가 함께하기 때문이다. 우리는 다른 하나 없이 어느 하나를 가질 수 없다.

4. 사랑은 기다릴 필요가 있다

구약의 아가서는 두 젊은 연인들 간에 나눈 일련의 시적인 교류를 모은 책이다. 그들이 만나고, 서로를 알아가고, 서로에게 홀리고, 마침내 결혼해서 성적 완성을 즐기는 모습을 보게 된다. 어떤 사람들은 그런 작품이 성경에 포함되어 있어서 놀란다. 이 책은 "지혜" 문학으로 알려진 구약성경의 일부를 이룬다. 그 목적은 감흥을 불러일으키기보다는 교훈을 주는 것이다. 따라서 우리는 그 책으로부터 사랑과 욕망의 길에 관해 배울 필요가 있다.

그런 교훈 가운데 하나는 초반부에 나온다. 그 여인이 이 젊은 남자가 입술에 키스해주길 원하는 장면이다. 그의 손이 그녀의 머리를 받치고 그들은 포옹하고 있다(아가서 2:6). 그들이 마치 막 뜨거워지기 시작하는 듯이 보일 때 오히려 (우리가 보기에는) 뜻밖의 방향으로 전환한다. 그 여인이 친구들과 공동체 앞에서 이렇게 맹세한다.

예루살렘 딸들아 내가 노루와 들사슴을 두고 너희에게 부탁한다. 내 사랑이 원하기 전에는 흔들지 말고 깨우지 말지니라. (아가서 2:7)

여기에 노루와 들사슴의 이미지가 나오는데, 두 동물은 아름다움과 번식력으로 알려져 있는 만큼 성교와 관련이 있다.[40] 이는 이 커플이 어디로 향하는지를 보여주는 적합한 그림이지만 그녀가 친구들에게 경고의 메시지를 전한다. 사랑에 관한 한 타이밍이 매우 중요하다. 즉, 우리는 사

---

40.   Philip Ryken, *Song of Songs* (Crossway, 2019), p 54.

랑이 "원하기 전에는" 흔들거나 깨우지 말아야 한다.

다시 말하건대, 여기에 나오는 이미지가 의미심장하다. 사랑은 흔들어 깨울 수 있지만, 이것은 적절한 때에 일어나야 한다. 왜냐하면, 그 일이 그릇된 때에 일어날 가능성이 너무 크기 때문이다.

이는 우리의 전형적인 사고방식에는 매우 생소하게 들린다. 대체로 서양 세계는 성적인 만족을 부추기는 경향이 있다. 모든 것이 가능한 한 빨리 낭만적이고 성적인 감흥을 불러일으키도록 설계되어 있다. 우리에게 전혀 기다리지 말라고 부추긴다.

그러나 이 여인의 경고는 매우 중요하다. 낭만적인 또는 성적인 사랑은 일단 일깨워지면 통제하기가 어려울 수 있다. 이 욕망에는 우리가 매우 조심해야 할 그 무엇이 있다. 우리는 그 욕망을 우리 마음대로 켜고 끌 수 있다고 생각하지만, 이 옛 지혜는 그와 달리 주장한다. 성적 감정은 되돌릴 수 없는 어떤 것을 생산하게 되어 있다. 그 감정이 그토록 강력한 데는 그만한 이유가 있다. 하나님이 그런 감정을 우리에게 주신 것은 두 사람을 가장 깊은 차원에서 함께 묶어주되 되돌릴 수 없는 방식으로 그렇게 하기 위해서다. 제

때가 아니면 우리는 그 과정을 시작하지 말아야 한다.

깨어나서 커피 향을 맡다

여러 해 동안 나는 가족이 운영하는 구식(舊式) 커피숍에서 일한 적이 있다. 내가 맡은 일 중 하나는 집에서 커피콩을 볶는 것이었다. 우리는 수십 가지 커피콩을 비축했는데 그중에 다수는 매우 다르게 볶아야 했다. 대다수는 신경을 별로 안 쓰고 볶을 수 있었지만 단 하나, 인도네시아산(産) 로부스타 콩은 계속 신경을 써야 했다. 그 콩은 다 볶인 정확한 순간이 있었는데, 한두 순간을 더 내버려 두면 종종 불이 붙어 한 묶음 전체가 불길에 휩싸이곤 한다.

타이밍이 중요하다. 로부스타 콩을 너무 오래 볶으면 모두 망쳐버릴 수 있다. 사랑을 너무 일찍 깨우면 똑같은 결과를 낳을 수 있다. 즐거워지도록 만들어진 것이 대단히 파괴적으로 될 수 있고, 우리가 큰 고통과 가슴앓이를 겪을 수 있다. 성적 친밀함은 귀중하다. 그 친밀함은 제때 적절한 사람과 나눌 필요가 있다. 그릇된 때에 그릇된 사람 또는 심지어 그릇된 때에 적절한 사람과 나눠도 파탄을 초래할 수 있다.

성에 대한 기독교적 견해는 사랑에 반(反)한다는 말로 그
것을 제쳐놓기 쉽다. 그런데 이는 매우 얄팍한 사고방식이
다. 사랑은 너무 중요해서 단 한마디로 표현될 수 없다. 사
랑은 중요해서 우리가 그것을 이해할 필요가 있다. 사람들
은 중요한 존재라서 우리가 서로를 참으로 사랑하는 법을
배울 필요가 있다. 그리고 이를 배우는 최선의 길은 그 자
체가 사랑이신 하나님의 말씀을 따르는 것이다.

하나님이 우리가 누구랑 자는지에 관심이 있는 이유는
우리가 서로를 잘 사랑하는지에 관심이 있으시기 때문이
다. 그리고 이는 우리의 감정과 다른 방식으로 사랑하는 것
을 의미할 수 있다. 그런데 여기에 또 다른 단계가 있다. 하
나님은 또한 우리가 **그분의** 사랑을 알기를 원하신다. 서로
에 대한 우리의 사랑이 그분에 대한 우리의 사랑과 결부되
어 있듯이, 인간의 성은 우리를 향한 하나님의 사랑과 결부
되어 있도록 설계되어 있다. 사실 전자는 후자의 이정표가
되어야 바람직하다.

이 문제가 왜 하나님께 중요할까?
더 큰 이야기

10장

우리 집 정문에서 불과 5마일 떨어진 곳에서 세계적인 사건이 발생하는 경우는 무척 드물다. 런던이나 워싱턴 D.C.에서 사는 사람들은 평상시에 그런 사건이 터질 것이다. 그러나 나는 매우 평범한 소도시에 살고 있다. 여기에 사는 이들의 일부는 그런 사건을 들어본 적도 없는 듯하다. 반면에 이웃 도시 윈저(Windsor)는 훨씬 더 유명하다.

해리 왕자가 윈저 성의 뜰에서 메건 마클과 결혼했을 때, 그것은 굉장한 사건이었다. 당시에 나는 미국에 있는 바람에 우리 이웃에서 벌어지는 그 모든 사건을 놓치고 말았지만, 그 보도는 전 세계 미디어를 흠뻑 적셨다. 미국인들은 왕족 결혼식을 보면서 파티를 열려고 아침 일찍 일어나서 오전 6시에 샴페인을 터뜨렸다.

동화 속 혼인식

그날에 관한 모든 것은 동화처럼 보였다. 햇빛이 찬란하게 비쳤고, 윈저 성은 상징적인 배경을 제공했다. 영국의 왕족뿐만 아니라 온갖 왕족이 곳곳에 있었다. 그곳은 연예계 귀족에 해당하는 일류 할리우드 VIP들로 가득 찼고 세계적인 록스타들이 도착해서 자리를 잡았다. 신부가 바로 멋진 할리우드 여배우였고, 그래서 그것은 연예 스타 왕족과 구식의 혈연 왕족이 하나가 되는 사건이었다. 할리우드가 이제 공식적으로 영국 군주의 일부가 된 것이다.

나는 사천 마일이나 떨어진 곳에서 그 보도를 시청하면서 우리 영국인이 이런 행사를 정말 잘한다는 사실에 놀랐다. 우리는 더 이상 자랑할 만한 제국이 없다. 여왕이 가장 훌륭한 신하들에게 서훈을 수여할 때, 그들은 "대영 제국의 사령관"과 "대영 제국의 수장"과 같은 칭호를 받는다. 매우 거창하게 들리지만, 우리 제국은 남대서양에 산재한 몇몇 양 떼밖에 되지 않는다는 사실을 기억하면 그렇지 않다. 우리는 한때 세계적인 리더였으나 지금은 아니다.

그러나 화려한 행사를 거행할 때는 우리가 무엇을 하고 있는지 안다. 예식, 행렬, 겉만 번드레한 팡파르, 엄숙한 서약, 예복을 입은 성직자들, 멋진 가운, 훈장들을 담는 궤, 곡예용 비행기 등 이 모든 것이 완벽하게 또 정확한 타이밍에 일어난다. 이것이 바로 우리 영국인들이 수행하는 일이다. 이것이 세계적인 TV 행사가 되는 것은 놀랍지 않다.

그런데 이 행사를 그토록 훌륭하게 만든 것은 바로 왕족과 **로맨스**의 결합이었다. 평생의 사랑을 찾은 듯이 보이는 매력적인 왕자, 즉 중요한 모든 면에서 자기의 짝이자 상대역인 누군가를 찾은 왕자, 말이 끄는 마차들과 왕관 몇 개, 그리고 조지 클루니를 더해라. 그러면 온 세계가 나타나서 구경한다. 이처럼 우리의 상상력을 사로잡는 것은 없는 듯하다.

왜 이렇게 늦어졌어요?

　서로를 위해 지음 받은 듯한 두 사람이 마침내 함께하는 것은 멋진 모습이다. 결혼식에 참석한 사람들은 종종 "왜 이렇게 늦어졌어요?!"라는 말로 놀리곤 한다. 거기에는 긴급성이 있는 듯하다. 또 다른 해리 ― 「해리가 셀리를 만났을 때」에 나오는 남자 주인공 ― 의 말을 인용하면, "당신이 누군가와 당신의 여생을 보내고 싶다는 것을 깨달을 때, 당신은 당신의 여생이 가능한 한 빨리 시작되기를 원한다."[41] 여기에는 너무나 기본적인 것, 너무나 심오하게 옳은 것이 있어서 우리는 기다리고 싶지 않다. 우리 내면 깊숙한 곳에 있는 대본이 우리에게 이것은 지극히 중요하다고 말해준다. 낭만적인 성취는 유사-묵시적인 언어로 표현된다. 「제리 맥과이어」의 언어로 표현하자면, 우리는 우리를 완성시킬 사람을 찾고 있다.

　고전적인 로맨스 이야기들에서는 해피 엔딩이 항상 커플이 함께하는 순간이다. 해리는 자기가 셀리와 사랑에 빠

41.　*When Harry Met Sally*, 1989.

졌다는 것을 깨닫고 그녀도 똑같이 느끼고 있음을 알게 된다. 또는 그럴까-말까 하는 커플은 분명히 그러겠다고 결정한다. 또는 사랑에 행운이 없었던 남자나 여자가 마침내 성공할 수 있는 사람을 만나게 된다.

이런 이야기를 우리는 이제껏 수천 번 보고 읽고 들어왔다. 그러나 이 모든 이야기 배후에는 진짜 이야기는 커플이 마침내 함께하게 될 때 끝난다는 생각이 있다. 서로의 꿈이 실현되는 순간, 또는 그들이 드디어 결혼하게 되었을 때는 바로 카메라가 뒤로 돌려지고 그 이야기가 결론에 도달하는 때다. 그들이 서로를 찾게 되었다는 것이 우리가 알 필요가 있는 전부이다. 그 여정은 좋지 않은 것들이 가득한 부분이다. 일단 그들이 목적지에 도착하면, 우리는 그들이 마침내 거기에 도달했다는 것을 알고 기뻐하며 그들을 내버려 둘 수 있다.

그러나 우리 가운데 로맨스를 가장 많이 꿈꾸는 이들도 그런 이야기가 단순하지 않다는 점을 알고 있다. 커플이 일단 함께해도 자동으로 "이후로 행복하게" 되는 것은 아니다. 우리가 어린 시절부터 들어왔던 이야기들은 그런 행복한 삶이 있다고 말하지만 현실 세계에서의 삶은 그렇지 않

다는 것을 보여준다. 가장 성공적인 낭만적 동반자 관계에
도 어려운 일이 있는 법이다. 힘든 시절이 있다. 긴장과 압
력이 있다. 뜨거운 눈물이 흐른다.

내가 어린 소년이었을 때 증조부의 결혼기념일은 그 지
방 뉴스거리가 되었다. 그들은 결혼한 지 75년이 흘렀었다.
그런 기념일이 지금은 더 드물다. 우리는 로맨스와 결혼이
그만큼 지속하길 기대하지 않는다. 주변에 이혼과 파혼이
널려 있다.

하지만 한 커플이 함께하는 순간에 우리 속 무언가가 여
전히 스릴을 느낀다. 이는 기혼이나 미혼이나, 행복한 결혼
이나 그렇지 않은 결혼이나, 우리 모두의 마음속에 있는 무
언가를 자극하는 약속을 표현하는 듯하다. 우리 주변의 모
든 삶의 현실에도 불구하고, 우리는 저기에 모든 것을 정리
할 수 있는 사랑이, 우리까지 정리할 수 있는 사랑이 있다
는 생각을 떨쳐버리기 어렵다. 그래서 다른 누군가의 결혼
일지언정 이런 소망이 여전히 우리를 일깨울 수 있다. 현실
적인 삶은 이렇게 작동하지 않는다는 것을 알지만, 우리 속
깊은 곳에서는 본래 그렇게 되어야 한다는 생각을 떨쳐버
릴 수 없다.

거대한 로맨스

기독교 신앙은 이 점을 잘 설명해준다. 우주의 이야기 ─ 하나님이 누군지, 하나님이 이 세계에서 무슨 일을 하고 계시는지에 관한 ─ 는 사실 하나의 로맨스이다.

물론 종종 이런 식으로 제시되지는 않았다. 당신이 기독교를 접한 적이 있다면 그 메시지를 우리 모두 좀 더 종교적이거나 윤리적이거나 영적인 사람이 되어야 한다는 식으로 들었을 것이다. 이 가운데 어느 것도 노라 에프론(할리우드의 대표적인 영화감독이자 작가였다)이나 니콜라스 스파크스(미국의 소설가)의 영화 기반으로 들리지 않는다. 그런데 그것이 기독교의 전부도 아니다. 그것은 잘못된 틀이다. 왜냐하면 예수님이 1세기 무대에 등장했을 때 그분이 자신을 묘사한 첫 번째 방식 중 하나는 뜻밖의 것이었기 때문이다.

신랑

요한의 제자들과 바리새인들이 금식하고 있는지라. 사람들이 예수께 와서 말하되 "요한의 제자들과 바리새인의 제자들은 금식하는데 어찌하여 당신의 제자들은 금식하지 아니하나 이까?" 예수께서 그들에게 이르시되 "혼인 집 손님들이 신랑과 함께 있을 때에 금식할 수 있느냐? 신랑과 함께 있을 동안에는 금식할 수 없느니라. 그러나 신랑을 빼앗길 날이 이르리니 그 날에는 금식할 것이니라." (마가복음 2:18~20)

예수님은 두 종류의 혼인식 장면을 상상하신다. 하나는 신랑이 기쁘게 함께하는 장면이고, 다른 하나는 신랑을 누군가에게 빼앗기는 장면이다. 전자의 경우에는 신랑의 현존이 기쁨의 이유이다. 우리가 결혼 피로연에 참석할 때는 먹고 마실 뿐 아니라 즐거워하는 것이 어울린다. 거기서는 그동안의 다이어트를 그만두고 온갖 음식을 실컷 먹는다. 그들이 **결혼하는** 중이다. 그때는 금식하거나 침울해질 때가 아니다. 주최 측과 커플은 우리가 기뻐하길 **원한다.**

예수님이 묘사하시는 두 번째 종류의 혼인 장면은 신랑을 혼인 파티에서 억지로 빼앗긴 곳이다. 이런 장면은 상상하기 어렵다. 실제로 일어나는 모습을 상상하기는 어렵고 오히려 믿기 힘든 영화의 한 장면 같다. 그래도 우리는 여전히 그 장면을 떠올릴 수 있다. 미지의 공격자들이 혼인식에 난입하여 권총을 겨누며 신랑을 자루에 싸서 재빨리 사라진다. 혼인 잔치는 이제 끝났고 신랑은 사라졌다. 당신은 잠시 멈췄다가 "아휴, 어쨌든 모두 다시 음식을 먹으세요!" 하고 음식을 배에 채워 넣는 일은 일어나지 않는다. 지금은 그럴 때가 아니다. 다시 게걸스레 먹기 시작하는 것은 얼토 당토않은 일이다. 그 모든 축하 행사의 중심에 있던 인물을 빼앗기고 말았다.

고대 세계에서 금식은 의료적 조치이기보다는 영적인 행위였다. 금식은 깊은 슬픔의 표현이었다. 누군가 큰 곤경에 빠지면 식욕을 잃고 만다. 우리가 절망과 깊은 슬픔에 빠져 있을 때는 음식을 먹기가 어렵다. 이는 영적인 슬픔에도 해당한다. 구약성경에서, 누군가가 그들을 사랑하는 하나님에게 등을 돌렸다는 것을 깊이 깨달을 때는 금식으로 후회를 표현하는 것이 적절했다. 예수님 당시에는 금식이 흔한 영적 훈련이 되었었다. 당신이 당신의 죄를 반성하고 적절하게 슬퍼하게 되어 있는 정해진 시기가 있었다. 그래서 이 본문에서 놀라운 점은 예수님의 친구들은 다른 이들처럼 금식하지 않고 있다는 사실이었다.

예수님 대답의 요점은 그들이 평소처럼 금식하지 않는

이유는 바로 이 순간이 평소와 같지 않기 때문이라는 것이다. 예수님의 말씀인즉, **당신들은 지금 혼인 잔치의 한복판에 있다. 지금은 우울해질 때가 아니다. 건배를 하고 접시를 가득 채워야 할 때**라는 것이다.

그 이유는 매우 분명하다. 신랑이신 예수님이 여기에 계시다. 신랑을 난폭하게 끌고 갈 때가 금식할 시기이다. 이는 예수님이 가까운 장래에 자기에게 일어날 일을 알고 계셨음을 암시한다. 그러나 지금, 그분이 부근에 계시는 동안에는 그들이 기뻐하고 즐거워해야 한다.

예수님 자신을 이렇게 밝힌 것은 대단히 의미심장하다. 임의의 또는 자의적인 일이 아니었다. 예수님은 그 자신을 훨씬 더 큰 이야기, 즉 그의 동시대인에게 친숙했을 이야기 속에 두고 계셨다. 영적인 신랑이 하나님의 백성에게 오신다는 생각은 잘 알려진 배경 이야기이다. 이에 대해 살펴보자.

이 문제가 왜 하나님께 중요할까?
더 나은 이야기

11장

나는 최초의 「스타워즈」 영화에 사로잡힌 상태로 자라났다. 나와 내 친구들은 사실상 모든 대본을 암기하는 것을 자랑으로 삼았다. 그것은 우리가 공유하던 통속어였다. 위협적인 교사가 학교에서 우리를 지나칠 때는 우리 중 하나가 조용히 금속성 호흡 소리를 내기만 하면 나머지는 즉시 무슨 뜻인지를 알아챘다. 그 교사는 시스 군주와 같다는 신호였다. 당신이 「스타워즈」에 친숙하지 않으면 이를 이해하지 못할 것이다. 그러나 우리처럼 친숙한 이들은 그런 소리를 단 일 초만 들어도 금방 무엇을 가리키는지 파악했다.

예수님의 동시대인 중 다수는 내가 「스타워즈」를 알듯이 유대교 성경을 알고 있었다. 그 성경은 그들이 자라면서 익힌 대본이었고 많은 부분을 암기하고 있었다. 그들의 통속어였던 셈이다. 그러므로 예수님이 자신을 "그 신랑"으로 언급한 것은 분명히 본래의 청중들에게 많은 뜻을 함축한 말로 다가왔을 것이다. 예수님은 '나는 약간 신랑과 같다. 내가 부근에 있는 동안에는 사람들이 기뻐해야 한다'고 말씀하신 것이 아니다. 그분은 '나는 **바로 그** 신랑이다'라고 말씀하셨고, 누구나 그 말이 무슨 뜻인지를 알았을 것이다.

신랑 ― 그 단어의 배후에는 이야기가 있다.

실은 성경의 맨 첫 문장에 암시되어 있다.

태초에 하나님이 천지를 창조하시니라. (창세기 1:1)

이 짧은 문장은 많은 것을 담고 있다. 우주는 우연이 아니라는 것, 시초가 있었다는 것, 그리고 시초가 시작되기 전에는 우리를 존재케 하신 하나님이 계셨다는 것이다. 그러나 이 이야기가 무엇에 관한 것일지를 암시하는 실마리가 아주 은밀하게 숨겨 있다. 고대 히브리어(구약의 언어)는 다른 많은 언어처럼 명사에 성(性)을 부여했다. "하늘"은 남성형이고 "땅"은 여성형이다.[42] 성경은 이 "커플"과 함께 시작하고, 우리는 둘이 서로를 위해 창조된 것으로 기대한다. 창조 이야기가 펼쳐지면서 우리는 곧 남자와 여자라는 또 다른 짝을 만나게 된다(창세기 1:27). 그들도 서로에게 속해 있고, 다음 장에서 우리가 만나는 최초의 사람들인 아담과 하와는 실제로 함께한다. 그리고 그들의 함께함은 마침내 반드시 이뤄질 하늘과 땅의 결혼 맛보기가 된다. 이것이 바로 성경 전체가 지향하는 바다.

구약성경이 펼쳐짐에 따라 하나님이 그의 백성과 맺기 원하는 관계가 결혼임을 알게 된다. 그분은 자신을 그저 모두가 순종해야 하는 하늘의 슈퍼파워로 제시하지 않고 한 백성을 자신 편으로 만들기 위해 오신 신랑으로 제시한다. 그리고 그의 백성은 단지 그의 팬들이나 부하들이 아니라 그의 신부이다. 결함이 있고 신실치 못한 신부이긴 하지만 말이다.

---

42. Glen Scrivener, *Love Story: The Myth that Really Happened* (10 Publishing, 2017), p 10.

이는 구약성경 전반에 시사되어 있으나 어떤 대목들은 그것을 명시적으로 밝히고 또 묘사하고 있다.

신성한 결혼식

시편 45편이 한 예이다. 이는 영광스러운 왕족 결혼식을 묘사한다. 해리와 메건의 혼인식보다 더 낫다. 최고로 멋진 신랑이 등장한다.

왕은 사람들보다 아름다워 은혜를 입술에 머금으니
그러므로 하나님이 왕에게 영원히 복을 주시도다.
용사여 칼을 허리에 차고 왕의 영화와 위엄을 입으소서….
그러므로 하나님 곧 왕의 하나님이 즐거움의 기름을
왕에게 부어 왕의 동료보다 뛰어나게 하셨나이다. (시편 45:2~3, 7)

이 신랑은 은혜롭고 막강하며 의롭고 즐겁다. 하나님께서 그에게 기름을 붓고 그를 선택하신 것은 놀랄 일이 아니다. 신부 역시 매우 아름답다.

그리하면 왕이 네 아름다움을 사모하실지라…

백성 중 부한 자도 네 얼굴 보기를 원하리로다.

왕의 딸은 궁중에서 모든 영화를 누리니

그의 옷은 금으로 수 놓았도다.

수 놓은 옷을 입은 그는 왕께로 인도함을 받으며

시종하는 친구 처녀들도 왕께로 이끌려 갈 것이라.

그들은 기쁨과 즐거움으로 인도함을 받고

왕궁에 들어가리로다. (시편 45:11~15)

이는 완벽한 커플이고, 그 결혼은 세상을 놀라게 하는 연합일 것이다.

이 시편은 그들이 가족을 갖게 되고 그 가족은 대대로 이어지며 온 세상에서 칭송을 받을 것이라고 한다(17절).

그런데 약간의 반전이 있다. 이는 신랑과 관계가 있다. 그에게는 우리가 아는 것 이상이 있다. 수치스러운 면이 아니라 훌륭한 면에서 그렇다. 시편 저자는 하나님께서 이 사람에게 복을 쏟아부으신 것을 이렇게 묘사한다.

하나님이여 주의 보좌는 영원하며

주의 나라의 규는 공평한 규이니이다.

왕은 정의를 사랑하고 악을 미워하시니

그러므로 하나님 곧 왕의 하나님이 즐거움의 기름을

왕에게 부어 왕의 동료보다 뛰어나게 하셨나이다. (시편 45:6~7)

이 사람의 성품은 훌륭해서 하나님이 그에게 큰 은총을 베풀어주셨다. 그는 자신의 도덕적 고결함을 입증했고, 하나님이 그를 축복하셨다. 신랑은 놀라운 인물인 듯하다. 어쩌면 너무 놀랍다고 할까···.

그런데 저자는 그 신랑을 놀라운 호칭으로 부른다.

하나님이여 주의 보좌는 영원하며. (시편 45:6)

이 왕족 신랑은 ⑴하나님이 축복하시는 자인 동시에 ⑵ 영원한 하나님이다. 그가 하나님과 동일시될 수 있는 동시에 하나님에게 복을 받는 자라는 점은 우리가 앞에서 살펴본 것이다. 하나님은 사랑의 관계 속에 계시는 세 위격이라는 것이다.

그런데 우리는 이 신랑이 왕족일 뿐 아니라 (마치 이것으로 충분하지 않은 것처럼) 신적인 존재임을 눈여겨봐야 한다. 하나님은 신랑이고, 이 시편의 신부는 그의 백성의 이미지다.

이와 비슷한 예를 몇 개 들어보자.

이는 너를 지으신 이가 네 남편이시라

그의 이름은 만군의 여호와이시며

네 구속자는 이스라엘의 거룩한 이시라

그는 온 땅의 하나님이라 일컬음을 받으실 것이라. (이사야 54:5)

신랑이 신부를 기뻐함 같이 네 하나님이 너를 기뻐하시리라.

(이사야 62:5)

내가 네게 장가들어 영원히 살되

공의와 정의와 은총과 긍휼히 여김으로 네게 장가들며

진실함으로 네게 장가들리니

네가 여호와를 알리라. (호세아 2:19~20)

내가 네 곁으로 지나며 보니 네 때가 사랑을 할 만한 때라.

내 옷으로 너를 덮어 벌거벗은 것을 가리고

네게 맹세하고 언약하여

너를 내게 속하게 하였느니라. (에스겔 16:8)

하나님은 신랑이고 그의 백성은 신부이다. 성경 전체에서 반복되는 위대한 후렴 중 하나는 "너희는 내 백성이 되겠고 나는 너희의 하나님이 되리라"라는 것이다. 이는 상호 소속의 언어, 언약적 사랑의 언어이다.

이를 배경으로 삼으면 예수님이 자신을 "그 신랑"으로 언급한 것이 무슨 뜻인지 분명해진다. 그는 어느 면에서 신랑과 비슷하다고 주장하지 않고 **궁극적인** 신랑이라고 주장한다. 그는 언약을 맺는 하나님, 곧 그 자신을 위해 한 백성을 만들고, 남편이 그 자신을 신부에게 주듯이, 자신을 그들에게 주기로 약속하신 그 하나님이라고 주장하고 있다.

이 궤도는 계속 앞으로 움직여서 신약성경으로 진입한다. 신약의 큰 비중을 차지하는 서신들은 그 독자들에게 예수님이 그의 백성에게 그 신랑이 되신다고 계속 그려주고 있다. 예컨대, 사도 바울은 이렇게 말한다.

일렀으되 "둘이 한 육체가 된다" 하셨나니 주와 합하는 자는 한

영이니라. (고린도전서 6:16~17)

"둘이 한 몸이 될지라"는 말씀은 창세기 2장에서 이미 살펴보았다. 바울의 말인즉, 남편과 아내가 한 몸이 되듯이, 예수님과 그분을 믿는 이들은 한 영이라는 것이다.

바울이 이 점을 가장 명시적으로 밝히는 본문은 남편들과 아내들에게 쓴 글이다.

"그러므로 사람이 부모를 떠나 그의 아내와 합하여 그 둘이 한 육체가 될지니." 이 비밀이 크도다. 나는 그리스도와 교회에 대하여 말하노라. (에베소서 5:31~32)

경로 표시

지난주에 나는 미국 친구 두 명과 내가 좋아하는 영국의 한 산을 하이킹했다. 이따금 우리는 길가에 돌무더기가 잔뜩 쌓인 것을 보았는데, 그것들은 이정표라고 내가 설명했다. 앞이 잘 안 보이거나 눈이 길을 덮고 있을 때를 대비해 경로를 표시하는 중간 지점들이다.

이것이 바로 이런 본문이 우리에게 하는 역할이다. 실재가 궁극적으로 무엇에 관한 것인지, 모든 역사가 결국 어디를 향하고 있는지를 우리에게 상기시켜주는 표시들이다.

성경의 마지막 부분 역시 이런 식으로 말한다. 비유적인 언어로 말하는 요한계시록은 하나님과 그의 백성, 어린 양(예수님)과 그의 신부 사이에 있을 최후의 혼인 잔치를 묘사한다.

우리가 즐거워하고 크게 기뻐하며
그에게 영광을 돌리세!
어린 양의 혼인 기약이 이르렀고
그의 아내가 자신을 준비하였으므로
그에게 빛나고 깨끗한 세마포 옷을 입도록 허락하셨으니 (요한계시록 19:7~8)

믿든 말든, 성경은 세상의 끝을 이렇게 묘사한다. 오래도록 고대하던 하나님과 그의 신부의 결혼식이다. 성경 전체는 하나의 로맨스이다.

결혼식

이는 서양에서 우리가 결혼하는 방식에 큰 영향을 미쳤다. 전통적 결혼식의 많은 부분은 지상의 결혼이 성경에 묘사된 하늘의 혼인을 반영하는 방향으로 발전되었다. 몇 가지 예를 들어보자.[43]

- **신랑이 먼저 도착해서 신부가 오기를 기다린다.** 그는 이미 그녀를 얻었고 이제 사전에 모든 것을 준비했기에 그녀가 할 일은 도착하는 것뿐이다.
- **신부의 도착은 대단한 일이다. 의도적으로 그렇게 만들었다.** 이미 거기에 있던 이들은 누구나 이 장면을 놓치지 않으려고 한다. 그녀가 걸어 들어올 때는 모두 바라본다. 아무도 시선을 신랑에게 두지 않는다. 신부는 환하게 빛난다. 그녀의 옷은 얼룩이 없는 순백색이다. 너무나 멋진 모습이다.
- **신부는 신랑에게 양도된다.** 그들은 평생의, 배타적인, 언약의 약속을 서로 맺는다. 이 약속의 징표로 반지를 주고받고, 그

---

43. 이에 관한 탁월하고 짧은 영상 vimeo.com/213704872를 추천한다.

들이 이제 결혼했다는 법적 선언이 발표된다.

- **그녀의 것은 그의 것이 되고, 그의 것은 그녀의 것이 된다.**
그들의 모든 소유는 서로에게 속한다. 많은 경우에는 그녀가
그의 이름을 사용한다.
- **나중에 그들은 육체적으로 그들의 결혼을 완성한다.**

이는 의도적인 연출이다. 각 지점은 예수님이 그의 백성
과 맺는 관계의 일부를 반영한다.

- 예수님은 먼저 가셔서 우리를 위해 하늘에서 모든 것을 준
비하신 분이다.
- 우리를 위한 그의 죽음과 부활은 우리의 모든 죄를 씻어
주어 우리가 얼룩이 없는 아름다운 모습으로 드러날 수 있게
한다.
- 우리는 그분에게 양도되어 그분과의 영원하고 배타적인 언
약 관계로 들어간다. 그분과 우리는 다른 모든 것을 버린 채 그
분은 우리에게, 우리는 그분에게 서약한다.
- 우리의 연합은 합법적이다. 그분께 속한 것은 이제 우리의
것이다. 우리는 그의 완전한 의를 받는다. 우리에게 속한 것은

그분에게 속한다. 그분은 우리의 불완전함과 죄를 떠맡는다.

- 우리는 이제 그분의 이름을 사용한다. 우리의 신원이 그리스도의 추종자로 밝혀진다. 이것이 우리의 새로운 정체성이다.

그래서 크리스천의 경우, 결혼은 남편과 아내를 향한 목적과 양자에게 주어지는 유익이 있다. 그뿐만 아니라 그보다 더 넓은 목적이 있고, 하나님이 예수님 안에서 모든 백성에게 제공하시는 것의 그림자이자 맛보기라는 공적인 유익도 갖고 있다.

하나님께서 우리에게 삶의 이런 차원 ― 우리를 성적인 존재로 만들고 일평생의 동반자관계를 향한 이런 본능 ― 을 주신 것은 그분이 그리스도 안에서 우리에게 주신 언약적 사랑이란 더 깊고 더 큰 실재를 가리키기 위해서다. 삶의 이 차원은 다른 모든 차원처럼 우리가 하나님께 등을 돌림으로써 왜곡되고 쇠약해지고 말았다. 우리가 품는 성적 감정은 혼란스럽고 종종 부적절하다. 우리는 약속을 지키지 않는다. 우리는 섹스를 우리의 욕구를 채우는 것으로 여긴다. 그러나 기본적인 모양은 그대로 남아있다. 우리의 성(性)은 본래 예수님을 아는 데서 오는 더 깊은 열망, 더 완전한 만족, 더 큰 완성을 가리키도록 되어 있다.

그런즉 우리가 결혼과 낭만적 충족을 그것이 가리키는 그 실재로 오해할 수 있는 것이다. 우리는 거기서 발견해야 마땅한 무언가 심오하고 뜻깊은 것이 있다고 느낀다. 그런데도 우리는 그것을 더 큰 어떤 것의 징표로 보기보다는 그 실재 자체로 오해한다.

신분의 오해

영화 「아마데우스」에는 어린 모차르트가 황제 조셉 2세를 처음으로 만나는 장면이 있다. 모차르트가 안내를 받아 장엄한 옷을 입어 매우 중요한 인물로 보이는 사람 앞에 나아갔을 때, 그는 그 사람이 황제인 줄 생각하고 본능적으로 정중히 절한다. 그 사람은 두려워하는 표정을 지으며 신중하게 방의 한쪽, 곧 진짜 황제가 피아노에 앉아 있는 쪽을 가리킨다. 모차르트가 자기가 행한 것을 깨닫는 거북한 순간이다. 그는 재빨리 앞으로 나아가 진짜 황제에게 적절한 예절을 갖춘다.

우리는 결혼과 로맨스에 관해 생각할 때도 그와 비슷한

과정을 거칠 필요가 있다. 우리가 처음 결혼을 접할 때는 너무나 영광스럽고 의미심장하게 보여서 그것이 궁극적인 것임이 틀림없다고 생각하기 쉽다. 우리가 느끼는 그 황홀한 감정을 어찌 달리 설명하겠는가? 그러나 그런 것의 목적은 우리에게 진정한 충족감을 발견할 수 있는 곳을 가리키기 위함이다.

이를 깨닫는 한 가지 방법은 우리의 관계들이 우리가 기대하는 모든 것을 제공할 수 없다는 점을 인식하는 것이다. 그런 관계가 궁극적 만족을 공급해줄 것을 기대하면 실망할 수밖에 없다. C. S. 루이스가 이를 생생하게 표현한다.

우리는 무한한 기쁨이 제공되어 있는데도 술과 섹스와 야망과 놀아나는 소극적인 피조물인데, 이는 마치 무지한 아이가 바닷가의 휴일이 무슨 뜻인지 상상할 수 없어서 슬럼에서 진흙 파이를 계속 만들기 원하는 것과 같다. 우리는 너무 쉽게 즐거움을 느낀다.[44]

44. C. S. Lewis, "The Weight of Glory" in *The Weight of Glory and Other Addresses* (HarperCollins, 2001), p 26.

성적 자유를 우리의 궁극적 선으로 삼는 것은 섹스와 로맨스가 목적 그 자체라고 생각하는 것이다.

그러나 우리가 만일 로맨스에 매혹되는 것이 더 깊은 이야기의 기억 흔적 ― 더 위대한 곡조의 메아리, 궁극적 목적지를 가리키는 표지판 ― 임을 깨닫는다면, 우리는 우리가 경험할 수 있는 가장 친밀한 관계조차 초월할 수 있는 실재를 발견하게 되리라.

왜, 하나님은 우리가 누구랑 자는지 신경 쓰실까?

이것이 하나님이 우리에게 행하라고 권유하시는 것이다. 이 때문에 그분은 우리가 누구랑 자는지에 관심이 있다. 이 때문에 우리도 우리가 누구랑 자는지에 관심이 있다. 우리의 성(性)은 한 이야기를 들려주게 되어 있다. 그것은 가장 위대한 사랑, 곧 하나님께서 예수 그리스도 안에서 우리에게 보여주신 그 사랑에 관한 가장 위대한 이야기다.

동성에 매력을 느끼는 한 크리스천 친구가 성경의 성윤리가 어느 면에서는 "불편한 진리"임에 관해 글을 썼다. 하지만 그녀는 "나의 작은 마음이 헤아릴 수 있는 것보다 더 큰 진리, 나의 약한 가슴이 분발시킬 수 있는 것보다 더 깊은 욕망, 그리고 인간이 얻을 수 있는 최상의 결혼 관계보다 더 친밀한 관계"를 믿는다고 쓸 수 있다.[45]

우리 각자는 이 문제에 관한 한 우리 나름의 독특한 우여곡절과 함께 들려줄 우리의 이야기가 있다. 나는 머리말에서 내가 싱글이고 (크리스천으로서) 성적으로 금욕한다고 언급했다. 내가 언급하지 않은 바는 내가 여태껏 품었던 낭만적이고 성적인 매력은 모두 다른 남성을 향한 것이었다는 사실이다. 다수는 기독교의 성윤리가 나의 상황에 처한 사람에게는 작동할 수 없다고 생각할 것이다. 이런 욕망을 뿌리치고 장기적으로 싱글로 살아야 하기 때문이다. 하지만 너무나 많은 사람 — 나와 비슷한 사람과 그렇지 않은 사람 — 이 예수님의 가르침이야말로 기대어 살 만한 더 나은 이야기임을 발견해왔다.

이 책의 핵심 질문이 매우 긴급게 제기된다는 사실은 우리가 섹스를 **너무 많이** 또 **너무 적게** 생각하고 있음을 반영

45. Rebecca McLaughlin, *Confronting Christianity: 12 Hard Questions for the World's Largest Religion* (Crossway, 2019), p 155.

한다.

너무 많이 생각하는 이유는 우리가 가장 깊은 충족감을 성적 친밀함에서 찾고픈 유혹을 느끼기 때문이다.

너무 적게 생각하는 이유는 우리가 가장 깊은 성적 및 낭만적인 열망이 본래 무엇을 가리키고 있는지를 놓치고 있기 때문이다.

우리가 누구랑 자는지에 **우리**가 신경을 쓰는 이유는 무언가 중요한 것이 이에 달려 있다고 느끼기 때문이다. 사실 그렇다. 그러나 이는 보통 우리가 예상하던 것이 아니다. 우리 인간의 성은 본래, 내 친구가 썼듯이 "더 큰 진리"와 "더 깊은 욕망"과 "더 친밀한 관계"에 관해 말해주게 되어 있다. 우리가 누구랑 자는지에 **하나님**이 관심이 있는 이유는 우리가 영원을 누구와 함께 보내는지에 관심이 있고, 또 우리가 그분을 알고 그분의 궁극적 사랑을 영원히 경험하길 원하시기 때문이다.

이 때문에 성에 대한 기독교적 견해가 좋은 소식인 것이다. 미혼으로 있는 한 금욕자로 살아야 하는 (나와 같은) 사람들에게, 그리고 기혼자인 경우 성적 행동에서 정절을 지키고 섬기는 마음으로 살아야 하는 사람들에게 좋은 소식이다. 이 메시지는 우리 모두에게 불편한 도전을 가할 수 있기 때문이다.

우리 모두에게 이것은 일차적으로 우리의 성기로 할 일과 하지 않을 일과 관련된 메시지가 아니라(비록 이에 관해 말할 중요한 사항이 있지만), 우리가 궁극적으로 누구에게 우리 마음을 줄 것인지, 그리고 우리가 속 깊은 사랑을 경험하기 위해 어디를 찾아볼 것인지와 관련된 메시지이다.

감사의 글

이 책을 집필하도록 초대받은 것은 하나의 특권이었다.

다시금 The Good Book Company와 함께 일하게 되어 무척 기뻤다. 팀 손보러는 내가 마감 기일을 못 지킬 때마다 놀랄 만큼 인내해주었다. 팀의 지지와 배려에 감사한다. 그의 제안과 피드백 덕분에 이 책은 더욱 풍성해졌다. 오스틴 윌슨은 온갖 방면으로 꼭 필요한 사람이다. 내가 제목을 훔쳐 온 앤드류 윌슨에게도 감사해야겠다.

원고의 여러 부분을 읽거나 다양한 단계에서 조언하는 등 귀중한 도움을 준 사람들도 여럿이다. 레베카 맥로플린과 글렌 스크리브너는 중요한 순간에 굉장한 아이디어를 제공했다. 그런데 나의 RZIM 동료인 루 필립스에게 특별한 감사를 돌려야겠다. 그는 원고 전체를 읽었을 뿐 아니라 여러 달에 걸쳐, 특히 사기가 떨어졌을 때, 끊임없이 격려해주었기 때문이다.

더럼 카운티의 신클리프에 소재한 로 집안의 멋진 집은 항상 상당 부분을 집필하기에 적합한 장소였다. 그들의 손대접에 깊이 감사하는 바이다.

이 책은 조지아주 애틀랜타에 있는 재커라이어스 연구소(Zacharias Institute)와 영국에 소재한 기독교 변증을 위한 옥스퍼드 센터(Oxford Centre for Christian Apologetics)의 후원으로 출판된 시리즈의 하나이다. 이 기관들과 관계를 맺고 또 라비 재커라이어스 국제 사역의 멋진 팀의 일원이 된 것은 큰 기쁨이자 특권이다.

왜, 하나님은 내가 누구랑 자는지 신경쓰실까?

초판 1쇄 인쇄 2021년 7월 10일
초판 1쇄 발행 2021년 7월 15일

지은이 샘 올베리
옮긴이 홍병룡
펴낸이 정선숙

펴낸곳 협동조합 아바서원
등록 제 274251-0007344 (**최초등록일** 2005년 2월 21일)
주소 경기도 고양시 원흥구 삼원로51 원흥하이필드 지식산업센터 606호
전화 02-388-7944 **팩스** 02-389-7944
이메일 abbabooks@hanmail.net

©협동조합 아바서원, 2021

ISBN 979-11-90376-34-1(00230)